山口 博

99%の人が気づいていない ビジネス力アップの基本100

講談社＋α新書
プラスアルファ

はじめに

「上司が部下をマネジメントしづらくなった」「シニアと若手で話がかみ合わない」「中途入社と新卒入社の社員同士で価値観が合わない」「M＆Aの相手企業と対立してしまっている」「グローバルの相手とのビジネスが円滑に進まない」……。企業や団体の人事課題の解決をサポートしたり、能力開発プログラムを実施していると、このような相談が近年特に増えています。

当事者の話を聞いていくと、どうやらその原因は、人それぞれで異なる意欲を高める要素を無視していたり、誤解していたり、自分と同じだと思い込んでいたり、相手が自分に合わせるべきだと勘違いしていることにあることがわかってきました。

そこで私は、自分や相手の意欲を高める要素を見極めて、それをふまえてビジネススキルを発揮する手法を開発してきました。

一方で、企業や団体で行われている研修の多くが、「理論はわかったが、自分の行動として再現できない」「理屈は学んだが、自分のビジネスにどう役立てればよいかわからない」

と言われ続けて久しく、今日ではあきらめさえ生まれています。

私は、理論や理屈を学んで頭で理解するのではなく、話法や行動をその場で自ら再現しながら、まさに体でスキルを身に付けることができるプログラムの開発に取り組んできました。理論がわかっていても、演習を通じて体で身に付けないと、実際に現場で使えるものとならないからです。

二〇年前に原型となるプログラムを開発し、実際の演習をしながらプログラムを改善してきました。現在では、一プログラム二時間で六つの分解スキルを着実に修得する三〇のプログラムが揃うようになりました。五年前から、トヨタグループ役員研修、サントリーグループ企業リーダー研修など、着実に実践に役立つプログラムを求める企業や団体で実施するようになり、今日では年間一〇〇社四〇〇〇名が参加するプログラムとなりました。

本書は、その中から特に基本となる一〇〇スキルを抽出し、読みながら、イメージをわかせたり、話法を考えたり、実践で試してみることによって、ビジネススキル向上に役立てることができる書籍としてつくりました。業界を問わず、職種を問わず、新入社員から役員まで職位を問わず活用していただけますが、特に現場のリーダー層には必須のスキルです。本書を、ビジネススキルの一層の向上に、是非、役立てていただければ幸いです。

◉目　次

はじめに　3

第1章　相手を引き付ける表現スキル

アイコンタクトの長さ

スキル1　圧迫感を与えない　18

スキル2　存在感を発揮する　20

スキル3　関係性に応じて相手を引き付ける　22

アイコンタクトをはずす方向

スキル4　誤解を与えない　24

スキル5　アイコンタクトでメッセージを送る　26

スキル6　アイコンタクトのタイミングをとる　28

スキル7　アイコンタクトの長さをコントロールする　30

アイコンタクトのためのターン

スキル8　スクリーンを背にアイコンタクトする　32
スキル9　ホワイトボードを背にアイコンタクトする　34
スキル10　「一人に対してワンセンテンス」を実施する　36

複数の相手へのアイコンタクト

スキル11　会場全体を引き付ける　38
スキル12　ざわつきを抑える　40
スキル13　キーパーソンを見極める　42
スキル14　立ち位置を工夫する　44

間を活用した表現力

スキル15　間をつくる　46
スキル16　理解を促す間をつくる　48
スキル17　期待を促す間をつくる　50

ノイズの解消

スキル18　ノイズを発見する　52
スキル19　ノイズを相殺する　54
スキル20　ノイズを解消する　56

第2章　相手を巻き込む構成スキル

冒頭に行う会話

スキル21　冒頭で相手を巻き込む　62
スキル22　相手を安心させる　64
スキル23　最後まで話に集中してもらう　66
スキル24　一連のフレーズでＢＩＧＰＲを行う　68
スキル25　「一人に対してワンセンテンス」でＢＩＧＰＲを行う　70

全体像を示す話法

スキル26　全体像を示す　72
スキル27　論点を示す　74
スキル28　論点を絞る　76

最も伝えたいメッセージ

スキル29　全体の中で一つのメッセージをつくる　78
スキル30　各論に一つのメッセージをつくる　80

スキル31　メッセージ性を高める　82

相手の心に響く自己紹介フレーズ

スキル32　アンカリング力を高める　84
スキル33　アンカリングのあるフレーズをつくる　86
スキル34　アンカリングのある自己紹介をする　88

相手の心に響くビジネスフレーズ

スキル35　アンカリングのある商品紹介をする　90
スキル36　アンカリングのあるサービス紹介をする　92
スキル37　環境を変えてアンカリング力を高める　94

話題をつなぐブリッジ

スキル38　構成をつなぐブリッジ　96
スキル39　幕開けの間によるブリッジ　98
スキル40　後戻り話法によるブリッジ　100

第3章　一時間で合意形成するスキル

合意形成できない会議
スキル41　時間切れに陥らない　106
スキル42　見せ掛けの合意に陥らない　108
スキル43　会議で発言を促す　110
洗い上げ質問による異論や懸念の洗い上げ
スキル44　洗い上げ質問　112
スキル45　洗い上げを加速させる　114
スキル46　紛糾を避ける　116
掘り下げ質問による異論や懸念の優先順位付け
スキル47　掘り下げ質問　118
スキル48　掘り下げを加速させる　120
スキル49　議論の脱線を防ぐ　122
示唆質問による方向性の見極め
スキル50　示唆質問　124
スキル51　方向性を誘導する　126
スキル52　示唆質問が思いつかない場合の対処　128

まとめの質問による合意形成

スキル53　まとめの質問　130
スキル54　議論の蒸し返しを防ぐ　132
スキル55　腹落ち度合を高める　134

合意形成プロセスの回し方

スキル56　次の論点に移行する　136
スキル57　効率的に合意形成プロセスを回す　138
スキル58　合意形成プロセスの対象を見極める　140
スキル59　トップダウンのリーダーシップ　142
スキル60　巻き込み型のリーダーシップ　144

第4章　モチベーションファクターを活用するスキル

モチベーションの向上

スキル61　一分間でモチベーションを上げる　150
スキル62　モチベーションを上げるコアスキル　152

スキル63　モチベーション向上を加速させる　154

モチベーションの維持

スキル64　モチベーション向上を日常化する　156
スキル65　モチベーション向上の阻害要因を排除する　158
スキル66　不祥事の発生を未然に防止する　160

モチベーションファクターの見極め

スキル67　モチベーションが高まる要素を見極める　162
スキル68　自分のモチベーションファクターを見極める　164
スキル69　モチベーションファクターの意味を理解する　166
スキル70　モチベーションファクターの特性を理解する　168

モチベーションファクターのマッチング

スキル71　モチベーションファクターとタスクとのマッチング　170
スキル72　組織と自分のモチベーションファクターのマッチング　172
スキル73　業種別のモチベーションファクターを見極める　174
スキル74　日本人と中国人のモチベーションファクターの違い　176

相手のモチベーションファクターの見極め

スキル75　組み合わせ質問と繰り返し質問　178

スキル76　言動例からモチベーションファクターを見極める　180
スキル77　モチベーションファクターのマッピングをする　182
モチベーションファクターをふまえた課題解決
スキル78　相手のモチベーションファクターをふまえた指示　184
スキル79　モチベーションファクターをふまえた課題解決　186
スキル80　モチベーションファクターによる課題解決確度を上げる　188

第5章　モチベーションファクターを梃にしたビジネス推進スキル

モチベーションファクターによる上司のハンドリング
スキル81　上司のモチベーションファクターを見極める　194
スキル82　上司と自分のモチベーションファクターをつなげる　196
スキル83　上司をハンドリングするリアクション　198
モチベーションファクターによるチームのハンドリング
スキル84　メンバーのモチベーションファクターをふまえたチーム構成　200
スキル85　顧客のモチベーションファクターをふまえたチーム構成　202

モチベーションファクターによる顧客のハンドリング
スキル86　購買モチベーションファクターを見極める　204
スキル87　購買モチベーションファクターをふまえた話法を繰り出す　206
スキル88　購買モチベーションファクターにより顧客をマッピングする　208
モチベーションファクターを梃にした表現力向上
スキル89　モチベーションファクターを梃にしたアイコンタクト　210
スキル90　モチベーションファクターを梃にした「一人に対してワンセンテンス」　212
モチベーションファクターを梃にした構成力向上
スキル91　モチベーションファクターを梃にしたＢＩＧＰＲ　214
スキル92　モチベーションファクターを梃にしたＢＩＧＰＲの効果を見極める　216
スキル93　モチベーションファクターを梃にしたＭＡＰ　218
スキル94　モチベーションファクターを梃にしたメッセージ　220
スキル95　モチベーションファクターを梃にしたアンカリング　222
モチベーションファクターを梃にした合意形成力向上
スキル96　モチベーションファクターを梃にした洗い上げ質問　224
スキル97　モチベーションファクターを梃にした掘り下げ質問　226
スキル98　モチベーションファクターを梃にした示唆質問　228

スキル99　モチベーションファクターを梃にしたまとめの質問　230
スキル100　モチベーションファクターを梃にして合意形成を加速する　232
おわりに　234

第1章　相手を引き付ける表現スキル

職場で、自分は周囲の人たちと親しくなろうとしているのに、相手は一向に関心を持ってくれない。関心を持ってくれないどころか避けようとしているように思える。商談で、こちらは一生懸命話しているのに、相手は集中して聞いてくれない、一生懸命話せば話すほど相手が尻込みしているように感じる……。こんな場面に直面したことのある人は多いのではないだろうか。

相手を自分の話に引き付けることができるかどうかは、持って生まれた個人の魅力のようなものにかかっていて、いまさら努力でどうにもならないと思い込んでいないだろうか。思い込んでいないまでも、長年にわたる取り組みが必要だと思って、努力することをあきらめていないだろうか。

実は、相手を引き付けることができるかどうかは、表現スキルにかかっている。そして、このスキルはやり方さえ間違えなければ、誰でも必ず身に付けることができる。

一口に表現スキルと言っても、さまざまなスキルがある。体のパーツに分解すると、顔の表現スキル、声の表現スキル、体の動き方のスキル、全体の印象をつくるスキルなどがある。さらに顔の表現スキルを分解すると、目の表情、眉の表情、口元の表情、頬の表情、顔の上下左右の角度、顔の前後の角度などに行き着く。

その中でも表現力を高めるコアスキルは、アイコンタクトのスキルだ。そこで、まず最初にアイコンタクトのスキルから修得していく。アイコンタクトスキルをさらに分解して、アイコンタクトの秒数や、はずし方という、それ以上分解できない構造にまで分解して、身に付けていく。

この章では、二〇の表現スキルについて、誰でも、読んでいくそばから、スキルを高めていくことができる手法を紹介していく。是非、実際に試していただきながら読んで、早速、スキルを向上させていただきたい。

スキル
1

アイコンタクトの長さ——圧迫感を与えない

話し相手が後ずさりするようなそぶりを見せるのは、何が原因か?

社内での対談でも、商談でも、こちらが一生懸命話しているにもかかわらず、相手が話を早く切り上げたがっている、後ずさりする、困った顔をするという場面に出くわしたことのある人も多いに違いない。そして、相手にそうさせないために、さらにこちらが一生懸命話そうとすればするほど、かえって相手に嫌がられるという経験をしたことがある人もいるだろう。

自分はこんなに一生懸命話しているのに、話を聞いてくれない相手が悪いのだと思ったことがないだろうか。

こうした場合、どこに問題があるかを見極めていくと、アイコンタクトが長過ぎるという共通点がある。つまり、相手の目を見始めてから、視線をそらすまでの秒数が、長過ぎるのだ。プライベートで親密な間柄ならともかく、ビジネス上の関係では、あまり長く見つめてしまうと、抵抗感を持たれてしまいがちだ。

自分はそんなに見つめているつもりはない、アイコンタクトは短いはずだ、こう思った人もいるだろう。長いはずだ、長くないはずだと言い合っても埒《らち》があかないので、まずは自分のアイコンタクトが何秒なのか、確かめてみることが一番だ。

確かめる方法は簡単だ。スマートフォンを自撮りモードで録画しながら、カメラが相手の目だと思って、自由な内容で自己紹介を一分間行う。なぜ自己紹介かと言えば、自己紹介は多くの人がやり慣れているからで、自己紹介により自然体に近いアイコンタクトの秒数が計測できるからだ。自己紹介を聞いてくれる相手がいれば、なお良い。

自己紹介の自撮りが終わったら、自分のアイコンタクトの秒数が何秒だったか測る。録画を再生して、正面を見始めてから目をそらすまでの秒数をだいたい何秒というように計測し、再び正面を見始めたらまた計測する。一回目のアイコンタクトが何秒か、二回目のアイコンタクトが何秒か、というように測って、平均値を求める。

ある大手住宅メーカーの営業部門で演習した際には、自分では短めのアイコンタクトをしていると思っていたが、計測してみたら、一〇秒以上相手を見つめ続けていたという人が実に多かった。一生懸命になるあまり、しっかり相手を見つめなければならないと思い込み、見つめ続けていたのだ。「百聞は一見にしかず」なので、自分のアイコンタクトの秒数を確かめてみることをお勧めする。

スキル
2

アイコンタクトの長さ——存在感を発揮する

話し相手が興味を持ってくれない時には、どうすればよいか？

こちらが真面目に話しているにもかかわらず、相手が別のことに気をとられている、聞いているのか聞いていないのかわからない、興味のなさそうな顔をするという場面に出くわしたことのある人も多いに違いない。

そして、相手を引き付けたいと思えば思うほど、焦ってしまうという経験をしたことがある人もいるだろう。

じつは、真面目に話しているにもかかわらず、相手の関心を引き付けることができないケースでは、話し手のアイコンタクトが短過ぎたり、アイコンタクトをほとんどしていなかったりという共通点がある。

スキル1で紹介した方法で、自分のアイコンタクトの秒数を計測してみよう。録画を再生して、正面をほとんど見ていなかったり、一秒もたたぬうちに目をそらしてしまったりしている人は、アイコンタクトが短過ぎて、相手を引き付けられない可能性が大きいと言える。

スマートフォンの自撮りだから、アイコンタクトが短くなったのだと思う人もいるだろう。自分で確認したり納得したりすることが大事なので、できれば、周囲の人に協力してもらって、実際の相手に対して一分間の自己紹介を録画してみることをお勧めする。

アイコンタクトをしていないことがわかれば、意識してアイコンタクトをすることを心がければよい。話をする時にあがってしまったり、緊張しないようにしたいと思っている人は多いに違いない。あがらないようにしよう、緊張しないようにしようと思っても、じつはすぐには解決にならない。そうした場合、まずアイコンタクトをするという具体的な行動をすれば、それがリズムを生んで、落ち着いて話ができるようになる。

意識を変えようと思っても時間がかかる。行動を変えれば、意識が変わってくる。それがスキル上達の早道だ。

スキル
3

アイコンタクトの長さ——関係性に応じて相手を引き付ける

見つめる秒数を何秒にすれば、相手を引き付けやすいか？

長過ぎるアイコンタクトだと相手に抵抗感を持たれ、短過ぎるアイコンタクトだと相手を引き付けられない。では、実際に、何秒くらいのアイコンタクトをすればよいのだろうか。アイコンタクトの秒数をコントロールすることは、簡単なようで難しい。

じつは、相手を引き付けやすいアイコンタクトの秒数は、人によって異なる。それぞれの人の表情の特性や、国民性、人間関係によって、引き付けやすい秒数に傾向がある。自分に合ったアイコンタクトの秒数を知り、それを反復演習で身に付けて、いつも発揮できるようになれば、格段に相手を引き付けやすくなるのだ。

日本人のビジネスパーソンの場合、引き付けられやすいアイコンタクトの秒数を聞いてみると、二～三秒だと答える人が最も多い。演習には、新入社員から役員まで、業種や職種もさまざまな人が参加するので、日本のビジネスパーソンは、二～三秒のアイコンタクトに引き付けられやすいということが言える。

私は中国の北京や深圳《しんせん》でも演習をしているが、中国のビジネスパーソンは五〜六秒のアイコンタクトが引き付けられやすいと答える人が最も多い。

タイプによっても変わる。彫りが深く目鼻立ちがくっきりし眉が濃い人、派手目な服装をしている人、つまり、いわゆる顔や雰囲気の濃い人は、アイコンタクトが短めでも抵抗感を持たれることが多い。逆に彫りが浅くおだやかな面差しで眉が薄い人、周囲に溶け込むような服装をしている人、つまり、いわゆる顔や雰囲気の薄い人は、アイコンタクトが長めでも引き付けにくいことがある。

また、人間関係においても変わる。例えば、大手企業のシステム部門の女性リーダーだけで演習した際には、相手を引き付けやすいアイコンタクトは長めでもよいという回答が返ってきた。一方、異なる業種の初対面の人が集まる演習では、参加者たちは短めのアイコンタクトが好ましいと回答する。つまり、お互いの関係性の近さ、遠さも影響しているのだ。

二〜三秒のアイコンタクトをするという、たった一つの動作だが、実際にこれを実践してみると、相手の反応がこれまでと違ってくることに気づく。いままで後ずさりしたり、興味を持ってくれなかったりした相手の表情が柔らかくなっているという感想を言う人が多い。アイコンタクトの秒数は、表現力のコアスキルなのだ。

スキル 4

アイコンタクトをはずす方向——誤解を与えない

アイコンタクトはどの方向にはずせば、相手を引き付けやすいか？

スキル３で紹介したように、日本のビジネスパーソンは二〜三秒のアイコンタクトに引き付けられやすいのだが、二〜三秒のアイコンタクトをした後、いったいどの方向にアイコンタクトをはずせばよいのだろうか。

多くのビジネスパーソンは、アイコンタクトをはずす方向を意識していない。意識していないから、上、斜め上、横、斜め下、下、さまざまな方向にその場その場ではずしてしまう。あるいは、一定方向にはずすクセのある人は、その方向にばかりはずしてしまう。その結果、予期せぬ印象を相手に与えてしまっている。

それを避けるためにはまず、アイコンタクトをはずす方向と、その動きが相手に与える印象を理解する必要がある。

アイコンタクトを上にはずすと、何か考えながら話している、思い出しながら話しているという印象を与えやすい。アイコンタクトを斜め上にはずすと、時間が気になる、外が気になるという印象を与えやすい。アイコンタクトを横にはずすと、相手とは異なる意見を持っている、反対していると思われやすい。アイコンタクトを斜め下にはずすと、自信がない、確信が持てないで発言していると思われやすい。

相手に対して誠心誠意、一生懸命話しているという印象を与え、相手を引き付けやすいのは、下にはずすアイコンタクトだ。

ある大手保険会社の営業管理職の人たちとこの演習を実施した際に、「視線を下に落とすと自信がないと思われてしまうので、下にはずしてはいけないと習ってきた」というコメントがあった。確かに下にはずしたままにしてしまっては、自信がないと思われてしまうが、一呼吸程度でうなずくようにアイコンタクトを下にはずすことは、相手を引き付けやすく、アイコンタクトのはずし方の基本なのだ。

ある製薬会社の管理職の人は、アイコンタクトを二～三秒にして下にはずすという、たったそれだけの動作を心掛けただけで、周りに人の輪ができやすくなったという実感を持つことができた。人の輪の中心にいる人のアイコンタクトのはずし方を観察してみると、確かに二～三秒で、下にはずしていることに気づくに違いない。

スキル

5

アイコンタクトをはずす方向

――アイコンタクトでメッセージを送る

アイコンタクトをはずす方向ひとつで、メッセージを送ることができないか？

話していて相手に抵抗感や違和感を持たれたので、話の内容に問題があるのではないかと考えて、一生懸命話の内容を練り始める。しかし、内容を練りに練っても、効果があるように思えずに、その後あきらめてしまうという人も多い。

じつは、話していて抵抗感や違和感を持たれる人の話の内容と体の表現を観察すると、両者がかみ合っていないケースがほとんどだ。だからいくら話の内容を工夫しても、問題は解決しない。それどころか、練りに練った表現がますます体の表現と合わないので、相手に与える抵抗感や違和感が増してしまう。

この場合、話す内容とアイコンタクトのはずし方を一致させることで、問題は解決することが多い。

スキル４で紹介したアイコンタクトをはずす方向が相手に与える印象を参考にして、相手にその印象を与えるようにアイコンタクトをはずす方向をコントロールすればよい。

つまり、相手に対し、誠心誠意、一生懸命話していますという印象を与えたければ、アイコンタクトを下にはずせばよい。

確定情報ではない、自信がない状態で話していることを示したければ、斜め下にはずせばよいし、相手の意見に反対だというイメージを与えたければ、横にはずせばよい。

ミーティング時間の終了が迫っていることを暗に伝えたければ、斜め上にアイコンタクトをはずせばよいし、相手と一緒にさまざま思い描きながら話しているというメッセージを伝えたければ、アイコンタクトを上にはずせばよい。

なにも複雑で難しい動作をしようというわけではない。目をそらす方向を意識して動作すればよいだけなのだ。演習に参加したある大手広告代理店の若手営業担当者は、このスキルを見事に発揮していた。どこで身に付けたのかと聞いてみると、特に訓練したのではないが、先輩のしぐさを見様見真似で自然に身に付けたと言う。そのような先輩がいるのであれば、先輩の立ち居振る舞いから学ぶのがよい。

スキル
6

アイコンタクトをはずす方向
――アイコンタクトのタイミングをとる

話の内容とアイコンタクトをはずすタイミングが合わない時は、どうすればよいか？

相手を引き付けやすいアイコンタクトの秒数、アイコンタクトのはずし方がわかったところで、それらを意識すればするほど、話す内容とアイコンタクトのタイミングがかみ合わなくなってしまう場合がある。

二〜三秒アイコンタクトをしなければと意識すれば、話が詰まってしまうし、話の内容に気をとられると、いつの間にかアイコンタクトを忘れてしまう。逆にアイコンタクトを下にはずそうと意識すれば、話が途中で切れてしまうし、話をスムーズに進めようと思うと、アイコンタクトに意識がいかない。

このような状況に陥ってしまうのは、二〜三秒という時間ばかりを意識してしまうからだ。じつは二秒あるいは三秒というように秒数を特定していないのは、きっちり何秒ということに意味があるわけではないからだ。短過ぎず、長過ぎず、タイミングを捉えてアイコンタクトをするリズムを身に付ければよい。

話のフレーズの中には、アイコンタクトをとりやすく、アイコンタクトの効果が高まるタイミングがある。最もわかりやすいタイミングが句読点だ。句読点でアイコンタクトを下にはずせばよい。

フレーズが短めの人は句点（。）でアイコンタクトをする。長めの人は、句点に加えて、読点（、）でアイコンタクトをする。二〜三秒より多少長めでも短めでも、これを意識して一日話してみると、リズムが摑める実感を得られるに違いない。

自分の話のフレーズが短めか長めかが、はっきりわからないこともあるだろう。その場合は、句点と読点の両方でアイコンタクトすればよい。日本のビジネスパーソンはフレーズが長い人が多い。確認するには、やはり、スマートフォンで自撮りしてみよう。

句読点で、二〜三秒のアイコンタクトを実現できるようになると、自然と、フレーズが短くなり、話がシャープになり、キレがあるという印象を持たれるようになる。短いフレーズでキレのある話をするためには、話の内容を考えるよりも、アイコンタクトのタイミングを考えることのほうが早道なのだ。

スキル 7

アイコンタクトをはずす方向
――アイコンタクトの長さをコントロールする

話し相手が決まって忙しそうなそぶりをするのは、何が原因か?

話をしていて、相手がせわしい雰囲気になってくる場合がある。なぜか自分と話している時には、決まって相手は忙しがっている。他の人と話している時にはそうでもなさそうに見える。そんな経験をしたことのある人も多いだろう。

それは相手がそういう性格だったり、忙しい状況だったりしているためだと思い込みがちだが、じつは、話し手側に問題がある場合がある。なかでも、アイコンタクトをはずして戻す動作が速過ぎると、相手にせわしい印象を与えやすい。

これは、相手を見つめ続けるアイコンタクトの秒数のことではなく、アイコンタクトをはずして戻す動作の速さの問題だ。

たいていの日本のビジネスパーソンは、アイコンタクトをはずして戻す動作が速い。できるだけゆっくりとアイコンタクトを下にはずすということを心掛けてほしい。秒数で表現すれば、一秒を心で唱えながら、アイコンタクトを下にはずしてアイコンタクトを再び始めるイメージだ。つまり一秒でうなずく動作を完了させるのだ。

わずか一秒と思うかもしれないが、実際に話している場面で、一秒でアイコンタクトを下にはずす動作をすると意外に長く感じることだろう。ほとんどの人は、それより短い秒数でアイコンタクトをはずして戻す動作をしている。

一秒かけてゆったりとアイコンタクトを下にはずして戻す動作は、意識していないとできない動作だが、動作そのものは、とても簡単で、一秒でうなずくという誰でも実施したことのある動作なので、何度か意識して実施してみれば必ず身に付く。

ある大手広告代理店の女性部長で、とてもオーラを感じさせ、周囲の人を引き付けている人がいる。地位や容姿や育ちがそうさせるのではないかと思われがちだが、その女性部長のアイコンタクトを下にはずして戻す動作は、ゆったり一秒だ。アイコンタクトをはずして戻す動作の秒数をコントロールすることは、存在感を発揮できるようになるためのコアスキルなのである。

スキル 8

アイコンタクトのためのターン
——スクリーンを背にアイコンタクトする

スクリーンを見てしまい、聞き手に背を向けて話してしまうのを防ぐには、どうすればよいか?

一対一で相手に話をする場合のアイコンタクトの秒数やはずし方のスキルを紹介してきた。ここからは、プレゼンテーションなど、一対多数で話をする場合のアイコンタクトの使い方に移っていきたい。一対一だとうまくいっても、スクリーンに投映しながら、多数の人を前にプレゼンをすると、途端に動作が落ち着かなくなったり、話のリズムがとれなくなったりすることも多い。

スクリーンを見ようとすれば聞き手に背を向けてしまうし、聞き手にアイコンタクトしようとすれば、スクリーンを見ることができない。なかには、聞き手に対して横を向いてしまい、左目でスクリーンを見て、右目で聞き手を見ながら話しているケースもあるほどだ。

スクリーンを使うと、途端に動作と話がちぐはぐになってしまうのは、スクリーンと聞き手を同時に見ようとするからだ。スクリーンを見る、聞き手を見る、二〜三秒でアイコンタクトを下にはずすというように、スキル要素が一気に増える。

話す	聞き手に対して話して２～３秒でアイコンタクトを下にはずす
ターンする	ターンしてスクリーンを見る
示す	スクリーンを示す
ターンする	ターンして聞き手を見る

無理やり動作をしようとすると、スクリーンから聞き手に視線を移す時に横の動きが入ってしまう。聞き手からみると横のアイコンタクトになってしまい、スキル４で紹介したように、相手に反対しているという印象を与えてしまう。

この問題を解決するには、聞き手に対して話をする動作と、スクリーンを示す動作を別々に行うスキルを身に付ければよい。それが、ターンのスキルだ。

聞き手に対して話して二～三秒でアイコンタクトを下にはずす、ターンしてスクリーンを見る、スクリーンを示す、ターンして聞き手を見るという動作を身に付ける。

ここで大事なポイントは、ターンしている間やスクリーンを示している間は、決して話さないということだ。話してしまうと、聞き手に対して横や後ろを向いて話すことになってしまったり、アイコンタクトを横にはずす動きが入ってしまったりして、聞き手を引き付けられなくなる。

スキル 9

アイコンタクトのためのターン
——ホワイトボードを背にアイコンタクトする

ホワイトボードに書きながらスマートに相手に話すには、どうすればよいか？

ホワイトボードを使いながらプレゼンテーションをする場合、ホワイトボードに記入をしている間に、会場がざわついてしまったり、聞き手を引き付けられなくなってしまったりしたと感じた経験のある人も多いだろう。ホワイトボードを使っている間に、聞き手の集中度や関心度が急激に下がってしまったのだ。

スキル８で紹介した動きに、ホワイトボードに記入するという動作が加わり、発揮すべきスキルがさらに複雑になる。ホワイトボードに書くという動作と、話すという動作を同時にすると、聞き手はどちらに集中してよいのかわからなくなってしまう。結局、ホワイトボードに書かれた内容と話している内容のどちらの理解も高まらない。

この場合、ホワイトボードを使いながら、話す、ターンする、示す、ターンするというスキルを発揮すると、聞き手の集中度や関心度の低下を極小化できる。大事なポイントは、スキル８と同じく、ターンをしている時、ホワイトボードに記入して示している時には、決し

話す	聞き手に対して話して2～3秒でアイコンタクトを下にはずす
ターンする	ターンしてホワイトボードを見る
示す	ホワイトボードに記入して示す
ターンする	ターンして聞き手を見る

て話さないということだ。

ホワイトボードに記入している間、沈黙していることに耐えられない話し手もいる。しかし、数秒の沈黙は大きな影響を及ぼさない。もちろん、ホワイトボードには大量の情報を記入するようなことはしない。大量の情報は資料に含めておけばよい。

スクリーンやホワイトボードを背にして、聞き手に向かってターンをして話すことができるようになると、堂々とした姿を聞き手に示すことができる。「堂々と話しましょう」「自信を持ちましょう」と何度言われても、「いったいどのようにすれば、堂々と話せるのだろうか」と思った人もいるに違いない。そんなことを何度も言うよりも、ターンという動作を身に付けることによって、堂々と話せるのである。

ある大手保険会社の部長は、大きな動作で、まるでかかとを鳴らすかの如くターンをしてプレゼンテーションしている。そのくらい大きな動作をしてはじめて、聞き手からみると、シャープなターンをしていると実感してもらえるのだ。

スキル 10

アイコンタクトのためのターン
――「一人に対してワンセンテンス」を実施する

ジグザグ視線をして落ち着かない印象を与えてしまうのを防ぐには、どうすればよいか?

多数の聞き手にプレゼンテーションする場合、会場全体の四隅をZの文字を描くように見渡して、会場全体の聞き手を引き付けようとしている人も多い。ジグザグ視線のスキルだ。

しかし、これが効果を発揮しない。話し手に落ち着きがないように思える、動いてばかりいるので車酔いにさせられている気分になったという聞き手もいるほどだ。

確かに話し手がZの文字を描きながら動き続けているのは、聞き手にとって心地よいものではない。被写体を揺れながら追い続けているビデオ映像と同じである。

会場全体を見渡そうとする動きは横の動きだ。つまり、アイコンタクトを横にはずす動作ばかりが続くことになり、聞き手を引き付けることができない。

会場全体の聞き手を引き付けていくためには、ジグザグ視線を「一人に対してワンセンテンス」のスキルで実施することがお勧めだ。

「一人に対してワンセンテンス」のスキルとは、①ある一人に向かってワンセンテンス話

方向	分解スキル1	分解スキル2	分解スキル3
左奥の人	ワンセンテンス話す	アイコンタクトを下にはずす	次の人へターン
右奥の人	ワンセンテンス話す	アイコンタクトを下にはずす	次の人へターン
左前の人	ワンセンテンス話す	アイコンタクトを下にはずす	次の人へターン
右前の人	ワンセンテンス話す	アイコンタクトを下にはずす	次の人へターン
中央の人	ワンセンテンス話す	アイコンタクトを下にはずす	次の人へターン

す、②その人に対してアイコンタクトを下にはずす、③次の人へターンをする、この①〜③を繰り返す、以上の三つのスキルを組み合わせたものだ（以下、この三つのスキルの組み合わせを、「一人に対してワンセンテンス」のスキルと呼ぶ）。

左奥の人↓右奥の人↓左前の人↓右前の人↓中央の人に対して、それぞれ、「一人に対してワンセンテンス」のスキルを繰り返すことで、会場全体を引き付けていく。

これまでプレゼンテーションのテキスト本を何冊も読み、プレゼンテーション研修を何度も受講したけれども、ジグザグ視線がスマートにできなかった人が、『一人に対してワンセンテンス』のスキルを発揮するようになって、はじめて会場全体の聞き手を掴む実感を持てました」と報告してくれた。

スキル
11

複数の相手へのアイコンタクト——会場全体を引き付ける

聞き手がうつむいて顔を上げない時には、どうすればよいか?

スキル10で紹介した、「一人に対してワンセンテンス」のスキルを実施していると、その相手を引き付けることができたかどうかが実感できるようになってくる。それを繰り返していくと、会場全体の聞き手を摑むことができてきたかがわかってくる。

しかし、スキルを発揮しているつもりでも、聞き手がうつむいていて、顔を上げていないと感じる時があるだろう。聞き手を引き付けることができていない状況だ。

そうしたケースの場合、話の内容に問題があると思いがちだが、じつは動作の問題であることが多い。話し手が全く停止していない場合か、一旦停止してはいるがターンしながら話しているのだ。ターンしながら話しているという状況は、聞き手からすると落ち着かない。それが、聞き手を引き付けられない原因となっている。

「一人に対してワンセンテンス」のスキルを駆使する大事なポイントは、しっかり停止して、ターンをすることだ。自分ではターンしているつもりでも、停止しているのは一瞬で、すぐターンしてしまっては、聞き手からみると停止しているように見えない。

また、次の人へターンをする時には話さないということも大事だ。話さないこと自体を不安に思って、つい間をおかずに話したくなるものだが逆効果だ。話し続けてしまうと、聞き手はどこでうなずいてよいかわからない。せっかく良い話をしても、「そのとおりだな」「それは違うのではないか」と考える間を与えなければ、聞き手を引き付けることは到底できない。

ターンをする時に話さないことで生じる間が、聞き手にうなずいて理解を深めてもらうための貴重な時間となる。

ある大学生がゼミでプレゼンテーションする際に、話が上滑りして、自分が浮いているような感じがして、聞き手に聞いてもらっている実感を持てないと悩んでいた。しかし「一人に対してワンセンテンス」のスキルを修得し、しっかり停止しながらゆっくり行うことができるようになってからは、聞き手が顔を上げるようになり、引き付けることができるようになったと実感できたという。聞き手を引き付ける即効性がある方法である。

スキル
12

複数の相手へのアイコンタクト——ざわつきを抑える

話が上滑りして、会場がざわついている時には、どうすればよいか？

停止しながら、「一人に対してワンセンテンス」のスキルを発揮している場合で、聞き手も顔を上げているにもかかわらず、聞き手が、話し手にアイコンタクトを返してくれない場合がある。これも聞き手を引き付けることができていない状況だ。

話し手からみると、話が上滑りしている状況で、会場の雰囲気が落ち着かないと感じる場合だ。この状況を放置しておくと、会場がざわついてしまいかねない。

そうしたケースの多くは、話し手と聞き手のペースが合っていない場合が多い。たいていの場合、話し手のアイコンタクトの動作が速過ぎて、聞き手がうなずく間がなかったり、話し手のターンのタイミングが早くて、聞き手とアイコンタクトができていなかったりする。

話し手の次の人へのターンが性急過ぎて、前の聞き手からみると、なるほどと思う間が持てずに、置いていかれたような気持ちになるのだ。

そうした場合、ゆっくりと「いーち、に」と心の中で数えながら、「いーち」でターンをする、「に」で停止するという動作をしてみるとよい。回れ右をゆっくりとする要領で、ゆっくり右足の方向を九〇度動かす、体の軸と左足の方向を右足の位置に合わせるという動作をすることも効果がある。

自分の感覚よりも二〜三倍ゆっくりとターンをしても、聞き手に違和感を与えないものだ。それを確かめるには、「一人に対してワンセンテンス」のスキルを実際に録画して、自分で確認してみることが一番だ。

日本人は良く言えば迅速、悪く言えばせっかちだと言われる。迅速に仕事を進めることはとても大事なことだが、相手がいる時には、相手に理解してもらったり、相手と歩調を合わせたりして取り組んでこそ意味がある。

例えば、相手が初めて聞く内容については、自分で思う以上にゆっくりとしたペースで、十分に間をとって相手にアイコンタクトを返してもらい、うなずいてもらっていることを確認しながら話していくことが大事だ。

読むと、とても難しいスキルだと感じた人もいるかもしれない。しかし実際は、さまざまなビジネスパーソンが集まるオープンな場でも、二時間の演習を通じて、ほとんどの人がみごとに駆使できるレベルにまでスキルを上達させていく。まずは試してみることをお勧めする。

スキル
13

複数の相手へのアイコンタクト――キーパーソンを見極める

話し方が単調になってしまったと感じる時は、どうすればよいか？

「一人に対してワンセンテンス」のスキルをゆっくりと実施し、聞き手を引き付けようとしても、聞き手が顔を上げない、アイコンタクトを返してくれないという場面もあるだろう。

何度かトライしてみても、聞き手を引き付けられずに、あきらめてしまい、聞いているか聞いていないかわからないが、とにかく話すことだけは話してしまおうという気持ちになったことのある人も少なくない。しかし、あきらめるのはまだ早い。

こうした場面では、動作がパターン化し過ぎていないか確認してみるとよい。例えば、会場の四隅にきっちりとターンをしているのだが、四隅をジグザグにターンしていくことばかりに意識がいってしまい、四隅の人を捉えてアイコンタクトすることがおろそかになってしまったり、ターンのリズムが単調になってしまったりしているケースがある。単調なリズムは、聞き手の集中を削いでしまう。

パターン化し過ぎている場合には、具体的に、聞き手の誰にアイコンタクトして「一人に対してワンセンテンス」を繰り出すかを決めておくことが効果的だ。プレゼンテーションの開始前に、だいたい四隅にいる人の誰というように四人決めておく。活発そうな人、興味を持ってくれそうな人、これまで話したことがある人などを見極めることができれば、そうした人を選んでおく。

私は、プレゼンテーションを始める前に、できるだけ参加者の人たちと会話したり名刺交換したりするようにしているが、それはプレゼンテーションの最中にアイコンタクトする人を選んでおくことに役に立つからという理由もある。

慣れてきたら、プレゼンテーションをしながら、誰にアイコンタクトして「一人に対してワンセンテンス」を発揮するかという相手を、四隅の各方向に数人ずつ決めていく。うなずいてくれた人でも、けげんな表情や動作をした人でもよい。ポジティブな反応でもネガティブな反応でも、反応を示してくれたこと自体、引き付けるモデルになってくれる可能性のある聞き手なのだ。

その上で、同じ方向の同じ人にアイコンタクトし続けないようにすると、パターン化し過ぎず、単調なリズムにならない。

スキル 14

複数の相手へのアイコンタクト――立ち位置を工夫する

会場全体の聞き手をさらに引き付けるためには、どうすればよいか？

「一人に対してワンセンテンス」のスキルを駆使して、会場の四隅にいる人を引き付けることができるようになると、引き付ける度合をもっと高めたいと思ってくるに違いない。

この段階になると、立ち位置を工夫したり、話す場所を変えてみたりしたくなるものだ。実際にグローバルビジネスパーソンのプレゼンテーションの映像を見ても、たいてい縦横無尽に歩き回りながらプレゼンをしている。しかし、同様に動き回ってみても、体の動きと話の内容のリズムが摑めず、スムーズに進まなくなってしまうという苦い経験をした人も多いのではないだろうか。

「一人に対してワンセンテンス」のスキルを発揮することで、会場の四隅の人を引き付ける度合を高めたいと思ったら、実施する相手に近づいていけばよい。

例えば、会場の左奥の人まで一〇メートルあったとしよう。その際は、実際に一〇メートル移動する必要はない。二～三歩、アイコンタクトしながら左奥の人に向かって移動し、ワンセンテンス話し、アイコンタクトし、話を止めて、右奥の人へターンする。続いて、右奥の人にアイコンタクトしながら二～三歩近づくという動作をすればよい。

「一人に対してワンセンテンス」に合わせて会場内を移動すれば、移動する体の動きと話の内容のリズムを摑むことができるし、リズムに乗っているので聞き手に対してスマートな印象を与えることができる。

このように会場内を移動することを想定すると、プレゼンテーションを開始する前に、基本の立ち位置を決めておく必要がある。日本の会場では、会場の正面の脇など、隅に演台が置かれていることが多い。しかし演台の位置にこだわらずに、たいていは、スクリーン前の中央を基本の立ち位置と決めて、そこから左へ、右へ、移動しては戻ることを想定しておけばうまくいく。

あるグローバル企業の日本法人で演習した際に、「必ず演台の場所でプレゼンテーションすることがよいのではないか」という意見があった。実際、彼らは必ず演台のある場所から動かずにプレゼンをしていた。グローバル企業の日本法人でさえ、演台から動かないほうが良いプレゼンという考え方を持っているのが興味深い。しかし、相手を引き付けるという観点からすれば、間違いなく聞き手に近づいたほうが効果的である。

スキル
15

間を活用した表現力――間をつくる

時間の経過とともに低下する聞き手の集中度を高めるためには、どうすればよいか？

話を進めれば進めるほど、聞き手の関心度合が低下している、聞き手が集中してくれなくなっていると感じた経験のある人も多いだろう。

プレゼンテーションがどんなにすばらしい内容でも、時間の経過とともに、聞き手の関心度は低下していくことが普通だ。それに対し何も手を打っていないと、聞き手の関心度は下がる一方だ。

そこで、聞き手の関心度の低下を防止するために、最も簡単で効果のある方法が、間《ま》をつくる方法だ。

プレゼンテーションをする際に、流暢に話すことばかりに気をとられて、間をつくっていないと、聞き手の関心度は低下してしまうのだ。

間をつくるためにとても有効な方法が、スキル10で紹介した「一人に対してワンセンテンス」のスキルだ。ワンセンテンスを話し、アイコンタクトして、その後、話をしないで、ゆつくりターンをする時に間をつくる。

「一人に対してワンセンテンス」のスキルは、会場の人たちを引き付けるスキルだが、間をつくることによって、聞き手にうなずいてもらうという効果を作り出すスキルなのだ。

一方的に話しているだけでは、聞き手を引き付けられないし、そもそも聞き手を引き付けることができているかどうかもわからない。あえて話さないことで、聞き手にうなずいてもらう、考えてもらうという時間をつくることができる。

ある大手百貨店で演習した際のことだ。参加者の一人から「プレゼンテーションにおいては、話し続けなければならないと思い込んでいたので、間をつくるという発想は目からウロコだった。百貨店の売り場で、売り場のスタッフがうるさくお客さまにつきまとうと逆効果で、お客さま自身に選んでいただいたり検討していただいたりする適度な時間をつくることと同じ考え方ですね」というコメントがあった。そのとおりで、売り場で実践していることを、プレゼンテーションの場面でも活用すればよいのだ。

スキル
16

間を活用した表現力——理解を促す間をつくる

聞き手の理解度を高めるためには、どうすればよいか？

話を止めて間をつくろうとしても、どこで話を止めればよいかわからなくなってしまう場合もある。話を停止することばかりに意識が向き過ぎると、話の区切りがちぐはぐになってしまったりもする。

こうなってしまうのは、間をつくる箇所をあらかじめ決めていないからだ。何を話そうと考える人は多いが、どこで話を止めて間をつくろうか準備する人はほとんどいない。作曲する際に音符と休符を使うように、プレゼンテーションをする場合には、あらかじめどこで何を話し、どこで停止するかを考えておくことが必要だ。

間をつくる箇所は、句点でつくることが基本だ。「一人に対してワンセンテンス」も、句点で話を停止し、アイコンタクトしてターンして間をつくる。句点で間をつくることで、聞き手に、「この話はこういうことだな」「それは理解できるな」「この点は、疑問だな」と、話の内容を反芻《はんすう》してもらう時間ができる。いわば、理解を促す間をつくれるのだ。

さらに理解を促すためには、句点まで話した後、「このように考えますが、いかがでしょうか」「みなさまはどうお感じになるでしょうか」というように、理解を促すフレーズを差し込んでもよい。聞き手に対して質問して考えてもらう時間を意識的につくるのだ。話にメリハリをつけるためには、間をつくること、理解を促すフレーズを差し込むことの両者を織り交ぜていくのが効果的だ。

もっとも、いきなり、理解を促すフレーズを差し込もうとしても、間がない中で差し込んでしまったり、リズムを整えきれなかったりすることが多い。そこで最初は、間をつくることから始めるとよい。焦らずに、ひとつひとつのスキルを修得して、徐々に高度なスキルを積み重ねていくことが、上達の秘訣だ。

ある製造業の会社の部長から、メンバーを巻き込むことができないがどうすればよいだろうかという相談を受けた。しばらく彼と対話していて、その部長の話し方には間がないということがわかったので、句点で間をつくって、理解を促すフレーズを入れてみることをお勧めした。二日後、その部長からメールがきて、早速実施し始めたらメンバーの反応が変わって、うなずいたり、前より親密なそぶりを示すようになったという。即効性、実効性のある方法だ。

スキル 17

間を活用した表現力――期待を促す間をつくる

次の話に対する期待感を高めるためには、どうすればよいか？

句点で間をつくり、理解を促すフレーズを差し込んでいるが、何度か同じことを繰り返していくと、効き目がなくなってくることに気づくに違いない。話していても単調になってしまうと感じて、気持ちがこもらなくなってしまうと自覚する人もいる。

「いかがでしょうか」「どうお感じになるでしょうか」と表現を変えていっても、理解を促すフレーズが繰り返されると、ワンパターンだという印象が高まり、聞き手はやはり関心度を低下させてしまう。パターン化することは、スキルを身に付けるためには必要だが、パターン化されて、同種のフレーズの繰り返しになってしまうこと自体がプレゼンテーションの訴求力を削いでしまう。

そうした場合、読点で間をつくることを織り交ぜてみると変化が生ずる。「出身は、（間）長野県上田市です」「私の職務は、（間）トレーナーです」「実現したい使命は、（間）ビジネスパーソンのスキル向上です」というように、主語を話した後の読点で話を停止し、間をつくる方法だ。

読点で間をつくることで、聞き手に、「出身はどこだろう」「職務は何だろう」「使命は何だろう」と、主語に続くであろう述語への期待をもたせる時間をつくることができる。いわば、期待を促す間をつくれるのだ。大手広告代理店の演習参加者からは「この方法はテレビCMの構成手法ですね」との感想が寄せられたが、彼らは実際に見事なスキルを発揮してくれた。

「一人に対してワンセンテンス」で、アイコンタクトしターンすることも、ワンセンテンス話したらターンすることが基本だが、主語の箇所でアイコンタクトしてターンする方法も織り交ぜるとよい。

句点で間をつくるか、読点で間をつくるか、これもどちらか一方を続けるのではなくて、両者を織り交ぜながら繰り出していくと、理解も高め、次の話への期待も高め、聞き手の関心度の低下を最小限におさえることができるようになる。

ある製薬会社の研究員が、研究発表のプレゼンテーションに抑揚がないと上司から言われ、どうすれば抑揚をつけることができるか悩んでいた。そこで、理解を促す間、期待を促す間を演習で身に付けて、実際の研究発表で駆使してもらった。上司から、「躍動感あるプレゼンテーションスキルを、いつの間に、どこで身に付けたのだ？」と聞かれたそうだ。

スキル
18

ノイズの解消──ノイズを発見する

聞き手が話にすぐに飽きてしまうのは、何が原因か？

聞き手の関心度や集中度は、時間の経過によって下がるのが普通だ。ただし話し手によっては、聞き手の関心度の低下の度合が大きい人もいれば、小さい人もいる。

一対一の対話でも、多数を前にしたプレゼンテーションでも、話していて、聞き手にすぐに飽きられてしまう、聞き手がすぐに関心のないような表情をするという状況に直面したことはないだろうか。

聞き手の関心度の低下が激しい場合は、自分の発しているノイズが強いことが考えられる。ノイズとは、「あー」「えー」などと思わず言ってしまう、話の本題とは関係のない、いわば雑音のことだが、プレゼンテーションの内容の邪魔をする雑音を、無意識のうちに入れてしまってているのだ。

ノイズが入ってしまうと、ノイズ自体が本来の内容を伝えにくくしてしまったり、聞き手の関心を本来の内容ではなくノイズへ向けてしまったりして、聞き手の関心度と集中度を低下させてしまう。

ノイズにはさまざまな種類がある。「あー」「えー」と言ってしまうのは声の表現のノイズ、「しかめっつら」などの顔の表情のノイズ、「体のどこかをさわるクセ」や「体の揺れ」などの動作のノイズ、「聞き手との距離が遠過ぎる、近過ぎる」「動き過ぎる、静止し過ぎる」などの動き方のノイズ、身だしなみやポインターの使い方のノイズなど、さまざまだ。

ノイズの発生を抑えるためには、まずは自分がどんなノイズを発生させているかを知る必要があるが、自分のノイズに気づいていない人がとても多い。他の人から指摘されても、そんなことはないと思いがちだ。自分のプレゼンテーションを自撮りして、ノイズをチェックすることが一番だ。

ビジネスパーソンは、いくつものノイズを持っていることが普通だ。これを一気に、あれもこれも解消しようと思っても、どんなにスキルの高い人でも一度には解消できない。どのノイズから解消するか、一つのノイズを選んで、その後五回くらい、そのノイズだけが出ないようにすることだけを考えてロールプレイングを繰り返すと、たいてい解消できる。

自分が解消しやすいと思うノイズから取り組むことがよい。人によって解消のしやすいノイズは異なるからだ。いわば、急性のノイズ、慢性化してしまったノイズがあり、前者は比較的早く解消できる。

スキル
19

ノイズの解消——ノイズを相殺する

習慣化したノイズをどのように解消すればよいか？

一つのノイズを特定して、出なくしようと意識すればするほど、ノイズが出てしまうということが起こり得る。ノイズを出なくしようと思っているのだが、そう思えば思うほど、無意識に反応してノイズが出てしまうのだ。

こうした状況は、ノイズを出さないようにしようという思いが強ければ強いほど、起こりやすい。

「あー」「えー」というノイズや、体が小刻みに揺れるというノイズの発生が、習慣化していて、既に無意識のうちに出てしまう状態では、これらを、出さないようにすることは、非常にエネルギーがいることだ。

意識すればするほど、無意識のうちに発生しているノイズとの葛藤が生じて、意識と行動のバランスがとれなくなり、習慣化したノイズが発生してしまうという悪循環になる。

習慣化して根強く浸透してしまったノイズの解消は、そのノイズを出さないという意識だけでは困難なことがある。そうした場合、ノイズを出さないと考えるのではなく、ノイズを打ち消す、相殺する言動を取り入れると解決する場合がある。

つまり、「あー」「えー」と言ってしまうノイズを出さないようにしようと意識するのではなく、「あー」「えー」と言わなくするためのフレーズや行動を入れるという方法だ。

例えば、フレーズとフレーズをつなぐ表現をあらかじめ決めておくと、結果的にノイズが出にくくなる。一例をあげれば、提案の頁と、提案理由の説明の頁を、「提案をさせていただく理由は、次の三点です」というフレーズでつなごうというように準備しておくことだ。

体が小刻みに揺れてしまうといった体の動きのノイズの場合だと、「一人に対してワンセンテンス」のスキルを発揮する時に、両腕を聞き手に対して開くという手の動きを入れてみるというように、別の動作を取り入れることも効果がある。大手百貨店の人材開発担当者は、実際にこの方法で、このノイズを解消した。

ノイズの言動を出さないようにしようと考えることよりも、ノイズの言動を打ち消す別の言動を当てる。意識することよりも行動することのほうがパワーを発揮するので、結果的にノイズの言動がおさまるのだ。

スキル 20

ノイズの解消——ノイズを解消する

ノイズを解消しようとすると、さらに別のノイズが出てしまう場合は、どうすればよいか?

解消したいノイズを一つ決めて、ロールプレイングを繰り返し、そのノイズを解消しようとすると、別のノイズが出現してしまう、という状況に直面する人も多い。

「えー」と言ってしまうノイズを解消しようとしたら、まばたきの頻度が高まった、早口になるというノイズを解消しようとしたら体の一部をさわるクセが出たという例もある。

ノイズは相互に関連し合っているので、一つのノイズを解消したら次のノイズが出てしまうことがある。こうした場合、一つ目のノイズが解消できたら、二つ目のノイズの解消に取り掛かり、それもできたら次のノイズ解消に辛抱強く取り組むのが、いちばん良い方法だ。

いくつかのノイズを解消する努力をしていくと、ノイズを発生させている元の原因を発見することもある。それが見つけられると、さまざまなノイズの解消が加速する。

例えば、大手百貨店の販売員で、「あー」「えー」と言ってしまったり、まばたきの頻度が高かったり、体が揺れてしまったりするノイズを出す人がいた。順番に解消していくと、沈黙に耐えられないという気持ちが元の原因であることがわかった。そこで、沈黙して間をつくるという反復演習をすると、これらのノイズも解消された。

また、早口になってしまったり、途切れないで長いフレーズで話してしまったりするノイズを持った人の場合、句点ではなく読点で間をつくることを繰り返すことで解消できた。

体が動き過ぎたり、体の一部をさわってしまったりするノイズを発生させていた人は、体の向きを変えるというターンの反復演習をすることで、ノイズを発生させにくくなった。

元の原因を探る作業は、自撮りしたビデオを再生して確認しながら、ノイズが出にくい場面とノイズが出やすい場面とで、表情、表現、動作などの何が違うかを見極める作業をすればよい。

手間のかかることだと思うかもしれないが、五回程度のロールプレイングでその一つのノイズは、かなりの確度で出にくくなる。自分のノイズを解消することで、聞き手の関心度の低下度合を小さくすることができる。その後の効果を考えると、とても効率がよい方法ではないだろうか。

第2章　相手を巻き込む構成スキル

一対一の会話や面談でも、多数を前にした会議やプレゼンテーションでも、時間が経過するとともに、相手の関心度は下がっていく。なんとかしようと思えば思うほど、空回りして、相手の集中度はますます下がってしまう……。こんな場面に直面したことのある人は多いに違いない。

どんなにすばらしいコミュニケーションスキルを持っている人でも、聞き手の関心度や集中度は、時間の経過とともに、低下していくのが普通だ。一杯目のコーヒーはおいしいが、同じコーヒーでも二杯目、三杯目になっていくと、おいしく感じなくなるという経済理論がある。限界効用逓減の法則だ。これと同じで、同じレベルの魅力的な話を繰り出していても、時間の経過とともに、聞き手の関心度、集中度は下がってくる。

だとすれば、聞き手の関心度を高いレベルからスタートするか、下がった聞き手の関心度を適切なタイミングで上げるというアクションをしていければ、聞き手の関心度をより高いレベルで保ったまま、聞き手を集中させたままで会話や会議を終えることができることになる。このスキルが、相手を巻き込み、相手の関心度、集中度を高める構成スキルだ。

構成スキルとは、最初に何を話し、次に何を話し、そのプレゼンテーションなどで最も伝えたいことをどのように伝えるか、相手の心に響くフレーズをどこに配置するか、といった話す順序をコントロールするスキルである。

聞き手の関心度を高めたい時には、話す内容を工夫することばかりに目がいきがちなものだ。もちろん話す内容を考えることも重要だが、話す内容は、場面ごと、テーマごとに異なる。

一方、構成スキルは、話す順序をコントロールするスキルなので、面談なら面談、会議なら会議の内容を入れ替えていけば、どのような場面でも使えるスキルである。この章で紹介する20の構成スキルを身に付ければ、さまざまな場面で、相手を巻き込み、相手の関心度、集中度を高めることができる。

スキル
21

冒頭に行う会話――冒頭で相手を巻き込む

商談や会議の冒頭の世間話は必要か？

面談や会議の冒頭で、どうやって話を切り出したらよいか迷う人が多い。自己紹介から入ったり、目的から話し始めたり、なかには相手の気持ちを和らげるために世間話をしたり、冗談を言ってみたり、みなさまざま工夫をしている。

しかし努力の結果もむなしく、冒頭で話す内容が話し手としてしっくりこなかったり、聞き手を引き付けることに役立たず、その後の話の内容もスムーズに流れなくなってしまうことも多い。

世間話や冗談が全く役に立たないとは言わない。確かに、面談や会議の冒頭は程度の差こそあれ、お互いに身構えている状況なので、相手の気持ちを和らげることはとても重要だ。

しかし、世間話や冗談以上に、直接的に相手の気持ちを和らげることのできる方法がある。それは冒頭で、面談や会議がセットされた背景に触れることだ。まず背景を伝えないと、その前に世間話や冗談をいくら言っても、相手の身構えた気持ちを解きほぐせないのだ。

面談や会議がセットされたことの背景とは、次のようなフレーズのことだ。

「時間をとっていただきありがとうございます。三ヵ月に一度の面談を始めたいと思います」「お集まりいただき、ありがとうございます。急遽ご案内させていただきましたが、臨時会議を開催させていただきます」

このように、面談や会議が設定された経緯を伝えることで、参加者にどういう背景で参加しているのかがわかり、場が落ち着く効能がある。逆に背景を冒頭で共有しておかないと、なんでこの会議に参加しているのか、どういう経緯だったのかということに不安を感じたまま面談や会議が進行してしまうので、話の内容が頭に入っていかないという状況になってしまいがちだ。

「事前に会議案内をしているので、なぜ集まっているのかは、わかっているはずだ」「招集する時に、経緯はメールで書いておいたので、あらためて言う必要はない」と思った人もいるかもしれない。

しかし、招集した側が思う以上に、背景や経緯を理解していない人は多いし、あらためて言われると、「確かにそうだったな」「そのとおりだな」と再確認できて、面談や会議へスムーズに入っていくことができる。

スキル 22

冒頭に行う会話——相手を安心させる

話を始める際に相手が警戒している時には、どうすればよいか?

面談でも会議でも、話していくと、相手が集中しなくなってきて、あきらかに他のことが気になっていたり、いら立ってきたりするような状況に直面したことのある人もいるに違いない。

なぜそうなったのか原因がわからずに、当惑して言葉が出なくなってしまったり、焦って話がまとまらなくなってしまったりしてしまう。

話の内容や話し手の態度に原因が見当たらないのに、相手の集中が途切れたり、いら立ったりしているケースでは、必要な情報を提供していないことが原因であることが多い。必要な情報とは、話し手の自己紹介、面談や会議の目的、面談や会議の所要時間である。

これらの情報が提供されていないと、「いったい話し手はどういう立場で話しているのか」「目的は何だったか」「いつまで会議を行うつもりだ」ということが気になったり、不安になったりして、関心度が高まらなかったり、いら立ちを覚えさせたりしてしまう。

話し手の自己紹介や、面談や会議の目的や所要時間は、次のようなフレーズで繰り出す。

「○○部の山口博です（自己紹介）。業務上の課題を共有する目的の面談で（目的）、およそ三○分お時間をいただきます（所要時間）」「進行を務める○○担当の山口博です（自己紹介）。本日は、前回の会議で積み残したテーマを議論していただきます（目的）。時間は六○分です（所要時間）」

「お互いに知っている間柄でも自己紹介をした方がよいのか」と思う人もいるだろう。自己紹介とは所属と名前を言うことだけではない。旧知の間柄であっても、例えば「久しぶりの司会で張り切っています山口博です」というように、この会議への思いなどを一言伝えると、話し手と聞き手の距離が格段に縮まり、聞き手の関心度、集中度が高まる。

目的を伝えることは、よく行われていることだが、意外に所要時間を伝えていないケースが多い。「もともと予定されている会議なので、所要時間はわかっているはずだ」と思うかもしれないが、あらためて所要時間を伝えることで、「この話し手は時間を意識してくれているな」という安心感を聞き手に与え、集中度を高め、いら立ちを回避できるのだ。

実際にこの方法は、生命保険会社の営業担当者が顧客の抵抗感を解消することに大きな効果をあげている。この手法が、顧客本位の商品選択や検討をしてもらうためのひとつのコアスキルになっている。

スキル 23

冒頭に行う会話——最後まで話に集中してもらう

途中から聞き手の集中度が急に下がってしまうのは、何が原因か？

話の冒頭は聞き手を引き付けることができたが、話が進む中で、ある時点から聞き手の関心度や集中度がみるみる低下してしまったという状況に直面した人もいるだろう。失言した覚えも、失礼な態度をとったつもりもないのに、相手の態度が豹変するかのように、よそよそしくなってしまうパターンだ。

このケースには、冒頭で、相手に期待する役割を明確にしていなかったことが原因である場合がある。この面談にどのようなつもりで参加してほしいのか、この会議では何をしてほしいのかを、冒頭で明確に伝えていなかったケースだ。

その場合、途中から、いったいどういうつもりで参加すればよいのかがわからなくなったり、そんなつもりで参加したのではないと思って関心度や集中度が一気に下がってしまう。

スキル21で紹介した冒頭で伝える背景、スキル22で紹介した自己紹介、目的、所要時間に加えて、相手に期待する役割のフレーズを記すと、次のフレーズになる。

「時間をとっていただき、ありがとうございます。三ヵ月に一度の面談を始めたいと思います（背景）。○○部の山口博です（自己紹介）。業務上の課題を共有する目的の面談で（目的）、およそ三〇分お時間をいただきます（所要時間）。遠慮なく課題を共有いただければと思います（相手に期待する役割）」

「お集まりいただき、ありがとうございます。急遽ご案内させていただきましたが、臨時会議を開催させていただきます（背景）。進行を務める○○担当の山口博です（自己紹介）。本日は、前回の会議で積み残したテーマを議論していただきます（目的）。時間は六〇分です（所要時間）。本日は最後に採決をしますので、存分に議論ください（相手に期待する役割）」

期待する役割をあらかじめ伝えておくことで、「今日は情報共有だけでよいのだな」「自由に発言すればよいのだな」「採決をするのだな」というように、聞き手の役割が明確になるので関心度が高まる。それを冒頭から伝えておくことは、安心感を高めることにもつながる。

これを習慣化することで、相手が以前より自分のことを信頼してくれるようになったという感想を持つ人が多い。あらかじめ、何を期待しているかを聞き手に伝えることで、聞き手が安心するからだろう。「信頼されるリーダーになれ」「営業担当として信頼を獲得せよ」と何度激励されることよりも、このスキルを身に付けることのほうが、信頼獲得の早道だ。

スキル 24

冒頭に行う会話――一連のフレーズでＢＩＧＰＲを行う

冒頭の会話をスムーズに行うには、どうすればよいか？

いままで冒頭に行うフレーズとして、「背景」「自己紹介」「目的」「所要時間」「相手に期待する役割」を紹介してきた。ではそれらをスムーズに話すにはどうすればいいのか、順番がわからなくなったり、次にどれを話せばよいかわからなくなったりしてしまい、冒頭からしどろもどろになってしまうというケースがある。五つもの内容を話すことが難しいと感じる人もいるだろう。

冒頭で話す五つの内容を、それぞれバラバラなものとして捉えると、難しいと思ってしまうかもしれない。じつはそれぞれをつながりのあるものとして捉えると身に付きやすい。

例えば、背景と自己紹介、目的と所要時間と相手に期待する役割を連続したフレーズで繰り出す方法だ。

冒頭で話す五つの内容を一連のものとして捉えるために、表のように頭文字をとって私はＢＩＧＰＲと称している（私は「ビッグピーアール」と発音している）。

B	Background	背景
I	Introduction	自己紹介
G	Goal	目的
P	Period	所要時間
R	Role	相手に期待する役割

BIGPR

「こういう背景で会議を案内した（背景）、〇〇です（自己紹介）」「〇〇の目的で（目的）、一時間会議をしますので（所要時間）、自由に意見を言っていただければ幸いです（相手に期待する役割）」というように、背景と自己紹介、目的と所要時間と相手に期待する役割を、一連のフレーズで説明することを心掛けると、繰り出しやすい。

最初にスキルを身に付ける時には、ＢＩＧＰＲを基本的な順番として身に付けることをお勧めする。ただし実際に話すときに、順番が違ってしまったとしても、伝わることがいちばん大事なのだからあまり気にしないことだ。

スキル
25

冒頭に行う会話
――「一人に対してワンセンテンス」でＢＩＧＰＲを行う

話す内容が覚えられない時には、どうすればよいか？

ＢＩＧＰＲで話す内容を、メモにして書いている時はわかっていたり、頭の中では理解しているつもりだったとしても、実際に使おうという場面ですぐに出てこないことがあるものだ。実際の面談や会議の場面で繰り出すことができなければ、宝の持ち腐れになってしまう。

頭の中ではわかっているつもりでも、実際に繰り出す時にできないというケースは、「考えながら話す」というスキルが足りないことに原因がある。考えながら話すためには、話したい言葉の表現と、体の動きを合わせていくことが助けになる。体の動きが契機となって、言葉を繰り出していきやすくなるのだ。

頭の中ではわかっているつもりでも、実際に繰り出す時にできないという場合に最も効果のある方法は、あえて、事前に準備したりメモをしないで、話しながら考えるというスタンスでロールプレイングしておくことだ。実施してみると、五つの内容程度のことは、その場

方向	分解スキル1	分解スキル2	分解スキル3
左奥の人	B　背景	アイコンタクトを下にはずす	次の人へターン
右奥の人	I　自己紹介	アイコンタクトを下にはずす	次の人へターン
左前の人	G　目的	アイコンタクトを下にはずす	次の人へターン
右前の人	P　所要時間	アイコンタクトを下にはずす	次の人へターン
中央の人	R　相手に期待する役割	アイコンタクトを下にはずす	次の人へターン

で、話しながら考えて、フレーズを繰り出せることに気づくに違いない。

その際に助けになることは、体の動きを合わせることだ。多数を前にプレゼンテーションする場合は、スキル10で紹介した「一人に対してワンセンテンス」のスキルで、BIGPRを行う方法だ。「一人に対してワンセンテンス」の三つのスキルの中に、BIGPRを埋め込むのだ。慣れてくると、両者を組み合わせないと、繰り出すリズムが摑めなくなるほどだ。

スキル 26

全体像を示す話法──全体像を示す

本論に入ると、相手の関心度が急に下がってしまう場合は、どうすればよいか？

商談や面談で、冒頭は良くても、本論に入ると、相手の関心度や集中度が下がってしまうということもよくあるケースだ。関心度や集中度の低下を感じて、一生懸命説明を尽くそうと思えば思うほど、逆効果になってしまう。

挙げ句の果て、肝心の本論で相手を引き付けることができなくなるという、本末転倒な事態に陥ってしまう。

本論で相手の関心度や集中度が下がってしまうケースは、本論で伝える内容のボリュームが大きく、その全体像を示していないことが原因になりやすい。

話し手から大量の情報が提供される中、聞き手は全体像を摑めていないので、時間の経過とともに聞き手の混乱度合は高まり、聞き手の関心度や集中度が急激に低下するのだ。

こうした事態を避けるには、本論に入る前に、本論で伝えたいことの全体像を示すと聞き手の関心度を高く維持できる。「本論でいま話している内容は、全体の中の一つ目だな、全体の中の最後の話だな」というように構成を理解しやすくなり、聞き手の関心度や集中度の低下を防げる。

本論の全体像を示すことは、ＢＩＧＰＲの後、本論に入る前に、次のようなフレーズで行う。「それでは早速始めたいと思いますが、本日は、主に担当してもらっているＡとＢとＣの業務について、課題に感じていることをお互いに共有し合いたいと思います」「早速本論に入りたいと思いますが、積み残しの課題であるＡとＢとＣについて、議論していきたいと思います」

世界地図を示して、「アメリカ大陸、ユーラシア大陸、アフリカ大陸で構成されています」と表現するイメージを持つとわかりやすい。そのためこのスキルを「ＭＡＰを描くスキル」と称している。

ＭＡＰは三点で示すと、聞き手にとってわかりやすい。三点というのは、耳で聞いて全体像として一摑みするのに、最も適当な単位だからだ。

ある製造業企業の役員が、ＭＡＰのスキルを発揮するようになったら、「話がわかりやすくなった」「要点をクリアに言ってくれる」という印象を持たれる頻度が格段に上がったという。ＭＡＰを駆使することは、わかりやすい話をするために非常に有効だ。

スキル
27

全体像を示す話法——論点を示す

全体像を三点で示すといっても、話すことが一つしかない場合は、どうすればよいか?

本論の内容を三点で示すといっても、そもそも何を三点で示せばよいのかと考えてしまうかもしれない。また、論点のイメージは持てていても、論点は一つなので、三つで示すことが難しいと思えるケースもあるだろう。

じつは、論点が一つよりも、論点が三つのほうが、聞き手の関心度、集中度を維持したり高めたりしやすい。論点が三点あるほうが、聞き手の関心度の低下を防止できる機会が三回あるので、聞き手を引き付ける観点からは有効なのだ。

論点が一つであれば、それを三つの内容に分けたり、三つのプロセスに区切ったりして伝える工夫をすればよい。

論点を三つの内容に分ける方法は、共有する対象や、提案したいことを三点に分けるということだ。

三つのプロセスに区切って伝える方法は、本論の構成を三つに区切る例では、「本論では、〇〇の問題について、第一に現状分析結果、第二に分析結果から読み取れる課題、第三に課題の解決策の順に説明したいと思います」となる。会議全体の構成を三つに区切る例では、「提案に二〇分、質疑応答に一〇分、その後採決したいと思います」というフレーズになる。

大事なポイントは、ＭＡＰは本論に入る前の全体像を示すフレーズなので、三点を三つのフレーズで簡潔に伝えるということだ。

提案したいこと、本論の構成、会議全体の構成のすべてを本論の前に伝えると、丁寧ではあるが本論の前の全体像としては複雑になり過ぎ、聞き手を引き付けるパワーは小さくなる。どれか一つの切り口で伝えることをお勧めする。

スキル 28

全体像を示す話法――論点を絞る

本論で話すことがたくさんある場合は、どうすればよいか？

「話したいことが一〇あるので、論点を三つに絞れない」「話すべきことは二〇あるので、全体像の説明としても二〇話さなければならない」。このように思うこともあるだろう。しかし、全体像を示す場面で一〇も二〇も説明していたら、説明しているうちに、相手の関心度は低下する一方になってしまうので、低下防止の役割は果たせない。

話したいこと、話すべきことが一〇も二〇もあると思ってしまう場合は、自分が理解していることと相手に伝えたいこととを混同していたり、物事を分析することと相手を巻き込むこととの区別ができていない場合が多い。

自分が理解したことや、物事を分析したことが多数あったとしても、それをそのまま相手に伝えてしまうと、伝えることが多過ぎて、伝えているあいだに相手の関心度や集中度は間違いなく低下してしまう。

そのため、本論の全体像を示すＭＡＰでは、最も伝えたい内容から三点選んで示せばよい。

あるいは、大きなカテゴリで区分して三つくらいに分けるという作業をして、三つのカテゴリの話をすることをMAPで示せばよい。いわば、アメリカ大陸、ユーラシア大陸、アフリカ大陸の中のすべての国名を伝えるのではなく、大陸名で示すということだ。

この点は、意識してし過ぎるということはない。意識してMAPでは三点話すつもりでいても、いつのまにか、あれもこれもと詳述してしまうということになりがちだ。

それも一生懸命になればなるほど、気持ちがこもっていればいるほど、MAPの段階で詳しい説明に入ってしまう。そうなれば、それは全体像を示すMAPの役割を果たせなくなり、相手の関心度や集中度の低下を防ぐ効果を発揮できなくなる。

「一生懸命話しているのに、なぜ聞き手は集中してくれないのか。聞き手が悪いのだ」というコメントをする人もいる。そうした場合には、MAPのスキルを演習して、実施してもらう。そうすると、「聞き手が顔を上げるのがわかった」「聞き手が話を聞いてくれた」というフィードバックが返ってくる。

スキル
29

最も伝えたいメッセージ——全体の中で一つのメッセージをつくる

「だから言いたいことは何なの？」とよく言われる場合は、どうすればよいか？

プレゼンテーションをしていて、「いったい何を言いたいのかわからない」「だから、訴えたいことは何なのか」という反応を受けてしまうこともあるだろう。そこで、さらに一生懸命伝えようとして、説明しようとすればするほど、聞き手からすると、ますますわからなくなってしまうということになりがちだ。

こうしたケースでは、あれもこれも伝えたいと考えて、盛りだくさんの内容になり、結果として、プレゼンテーションで最も伝えたいことは何なのか、話し手としてもはっきりしなくなってしまったり、話し手は明確に意識していても、あれこれ話しているうちに、聞き手に伝わらなくなったりしてしまう場合が多い。

こうした事態を避けるためには、プレゼンテーション全体を通して、最も伝えたいことは何なのかということを明確にすることが大事だ。

最も伝えたいことを、「そのプレゼンテーションで伝えたいメッセージ」と称する。伝えたいことがいくつもあった場合、伝えたいことに共通する要素を見極めて、それをメッセージにするとよい。

例えば、業務改善の提案をするとしよう。チームの会議時間の短縮、個々のタスクの優先順位の確度向上、日々の業務指示や依頼のコミュニケーションの円滑化の三点が提案の全体像だ。共通する要素は、効率化ということであれば、これら三点を通じて業務効率化を実現するということがメッセージになる。

共通のメッセージを見極めるためには、この例では三つの伝えたい内容それぞれを分解して、要素を付箋に書き出していくとよい。三つに共通する記述のものがあったり類似のものが出てきたりすれば、それが共通のメッセージになる。一〇分もかからずにできることなので、実施してみることをお勧めする。

銀行の渉外担当に着任した人で、「話があちこちに飛んでしまう」「話の脈絡がわかりづらい」と言われる人がいた。メッセージをつくる演習を行ったら、途端に、ポイントをついた話をするようになった。「わかりやすい話をしよう」「話の構成を考えよう」と言われても、すぐにできるわけがない。そのかわり、共通のメッセージを見極めるというスキルを使えば、即座に効果がある。

スキル 30

最も伝えたいメッセージ——各論に一つのメッセージをつくる

プレゼンの途中で中だるみしてしまう時には、どうすればよいか？

プレゼンテーション全体に共通するメッセージを伝えることができても、プレゼンテーションの途中で、間延びしてしまったり、中だるみしてしまったりして、相手を引き付けられないというケースがある。

各論で話されている内容が、いったいどのように全体のメッセージにつながるのかわからないという反応になったりして、話すほどに、聞き手に伝わらなくなってしまう。

このような事態に陥ってしまうのは、プレゼンテーション全体のメッセージに加えて、各論で伝えたい内容が明確になっていないからだ。メッセージは、プレゼンテーション全体だけではなく、各論にもそれぞれ一つずつ必要だ。

最もお勧めの方法は、プレゼンテーション全体で一つのメッセージを設定するとともに、各論にも一つのメッセージ、プレゼンテーションの投映スライド一枚にも一つのメッセージを設定することだ。

演習でこのように申し上げた時に、医薬品メーカーの研究職の参加者から、「データ紹介の頁があるので、メッセージがないスライドもあるが、どうすればよいか」という質問を受けたことがある。データから読み取れる伝えたいことがあればそれがメッセージになるし、あえてメッセージを伝えないということであれば、少なくとも投映スライドからはずして、参考資料などとして配布することをお勧めしている。

投映スライドは全体としても、各論にも、各頁にも、メッセージがあることが基本だ。そうすることで、聞き手の関心度の低下を防ぐことができる。

このようにメッセージの構成をしてプレゼンテーションするようになると、「この人のプレゼンテーションはいつもまとまっているな」「すっきりしているな」という印象を持たれるようになる。優れたプレゼンテーションをする人は、いずれもメッセージの構成に力を入れて考えている。

スキル
31

最も伝えたいメッセージ――メッセージ性を高める

最も伝えたいメッセージは、どこに差し込めばよいか？

プレゼンテーション全体に一つ、各論にも一つ、投映スライド各頁にもメッセージを設定しようとすると、構成がまとまらなくなってしまう場合がある。だったら、プレゼンテーション全体に一つのメッセージだけにしたほうがシンプルで、各論や各頁にはメッセージを込めないほうがよいのではないかと考えたくもなるものだ。

全体に一つ、各論に一つ、投映スライド各頁に一つのメッセージを設定しようとしてまとまらなくなるケースは、メッセージを入れる箇所がばらばらになっていることがほとんどの原因だ。メッセージを入れる箇所がパターン化されていないので、聞き手にまとまりがないという印象を与えてしまったり、話し手としても話しづらくなったりしてしまう。

メッセージを入れる箇所は、最初と最後ということが基本だ。プレゼンテーション全体の最初と最後、各論の最初と最後、スライド各頁の最初と最後でメッセージ内容にふれる。

「業務効率向上を実現したい（メッセージ）→会議時間の短縮（各論一）→タスクの優先順位

全体	★								★
各論	★		★	★		★	★		★
各頁	★　★	★　★	★　★	★　★	★　★	★　★	★　★	★　★	★　★

プレゼンの全体構造とメッセージ（★）の位置

（各論二）↓業務指示改善（各論三）↓これにより業務効率向上を実現したい（メッセージ）」というように、最初と最後にメッセージを入れる。

プレゼンテーション全体の構造と、メッセージの位置（★で表示）は、表のような関係になる。

時間の経過とともに、聞き手の関心度や集中度は下がっていく。表のように全体の最初と最後、各論の最初と最後、各頁の最初と最後にメッセージを組み込んで、そのたびに聞き手を起こしていき、関心度や集中度の低下を防止するのだ。

スキル
32

相手の心に響く自己紹介フレーズ——アンカリング力を高める

聞き手になるほどと思わせるためには、どうすればよいか？

「この人の話は、いつも心に響く」「話を聞くたびに、なるほどと思わされる」という話し手もいれば、いくら話を聞いても関心や興味が湧き上がらないという話し手もいる。どちらもメッセージを適切に設定しているにもかかわらず、一方の話し手は聞き手を引き付け、他方は聞き手が離れていってしまうのだ。

これらの違いは、メッセージそのものに、聞き手を引き付ける力が込められているかどうかによるところが大きい。聞き手を引き付ける力があるかどうかは、声の大きさでもなく、説明の一生懸命さでもなく、聞き手の心に響くフレーズを作り出せるかどうかにかかっている。

聞き手の心に響くフレーズを繰り出すスキルを、アンカリング力と称している。船が停泊する際に、碇（アンカー）が落とされて海底をゆさ

アンカリングに乏しいフレーズの例
たいしたことない話かもしれませんが…
実績がそこそこ伸びた例ですが…
以前、起きた事なのですが…
ある出来事の話をしたいのですが…

種類	アンカリングに富んだフレーズの例
ポジティブ	感動的だった出来事なのですが…
明瞭	実績が倍増した事例なのですが…
具体的	先月20日に大阪支店で起きた事ですが…
新鮮	最も印象的だった出来事ですが…

ぶるように、聞き手の心に落ちて、聞き手の気持ちをゆさぶるフレーズを繰り出すスキルだ。

アンカリング力は、ネガティブなフレーズ、曖昧なフレーズ、一般的なフレーズ、使い古されたフレーズ、形式的でとりつくろわれたフレーズでは発揮されにくい。ポジティブなフレーズ、明瞭なフレーズ、具体的なフレーズ、新鮮なフレーズ、型にはまらない独自のフレーズのほうが発揮されやすいのだ。

使うフレーズによって、アンカリング力を高めることができる。表にはアンカリング力の高いフレーズの例を掲載したが、ポジティブ、明瞭、具体的、新鮮であることを意識してフレーズを選ぶと、相手の心に響くメッセージを送ることができるようになるのだ。

スキル
33

相手の心に響く自己紹介フレーズ

——アンカリングのあるフレーズをつくる

最も伝えたいことがわからない時には、どうすればよいか？

アンカリングのあるフレーズを繰り出したいと思っても、そうしたフレーズがいつまでたっても思いつかないということもある。

考えれば考えるほど、準備すれば準備するほど、陳腐化したフレーズになってしまったり、形式的でとりつくろったフレーズになってしまったりする。最初に考えたフレーズのほうがまだましだということも結構ある。

いつまでたっても思いつかない状況に陥ってしまうケースは、そのプレゼンテーションを通じて、自分が心の奥底から伝えたいと思うことは何かではなく、自分が伝えなければならないことは何かという観点で考えている場合が多い。伝えなければならないことは何かということを考えているうちは、ポジティブで、明瞭で、具体的で、新鮮な、型にはまらない独自のフレーズを繰り出しにくい。

自分が伝えたいことを見出すことは、簡単なようで、むずかしい。伝えたいことではなくて、伝えなければならないことは何かという思考経路に、つい入ってしまう。あれこれ思い描いてみても、行き詰まりがちだ。

そこで、行き詰まる前に、プロセスマッピングをしてみることをお勧めする。プロセスマッピングとは、伝えたいことを付箋にキーワードで書き出し、横軸の時系列の順に貼り出していくことだ。横軸に貼り出したキーワードの中で、最も伝えたい内容を一つ選び、そのキーワードに関連した付箋を縦軸に貼り出していく。自分が伝えたい内容は、その縦軸の中から見出しやすいのだ。

このプロセスマッピングだが、じつは、他の人のプレゼンテーションや話を聞く時にも使える。「いったいこの人は何を言いたいのだろう」「話があちこちに飛んで、よくわからない」と思う人の話を、プロセスマッピングしながら聞くと、話の流れと、その人が最も伝えたいことが、格段に見えやすくなる。

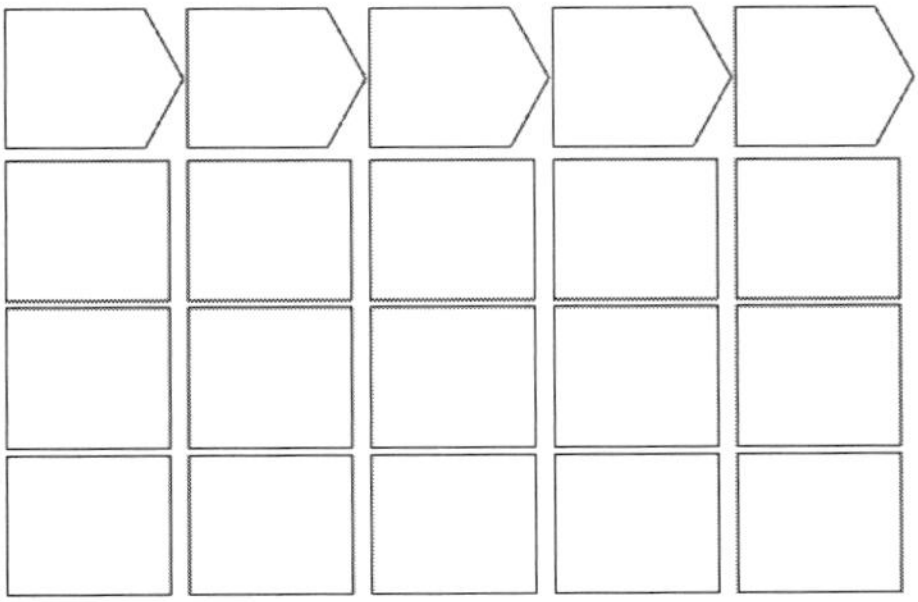

プロセスマッピング

スキル
34

相手の心に響く自己紹介フレーズ
——アンカリングのある自己紹介をする

印象に残る自己紹介をするには、どうすればよいか？

アンカリング力はさまざまな場面で発揮できる。日々の会話の中でも、プレゼンテーションの場合でも、自己紹介でも活用できる。

自己紹介する際にアンカリング力を発揮できたら、自分を印象付けることができ、相手を巻き込みやすくなる。しかし現実には、ありきたりの所属と氏名と趣味などを話すくらいの自己紹介にとどまってしまう。

自己紹介では所属と氏名と趣味を伝えるという固定観念が、一般的な、使い古された、形式的でとりつくろわれたフレーズだけで構成された、アンカリング力が全くない自己紹介を繰り返させているのではないか。あるいは、周囲と同じようにやっておけば無難だという意識が、そうさせてしまっているのではないか。

自己紹介のアンカリング力は、簡単な反復演習で高めることができる。時間も二分間あれば十分だ。一人でもできる方法だが、相手を探して二人一組で実施したほうが効果は高い。

やり方は、聞き役の人が答える役の人に「あなたは誰ですか？」と聞く。答える役の人は「私は○○です」と答える。間をおかず聞き役が「あなたは誰ですか？」と聞き、答える役は「私は△△です」と先ほどとは別の内容を答える。これを二分間続ける。二分間で何回さまざまな答えができるか、印象に残った答えは何かを聞き役が記録していく。一人で実施する場合は、自問自答して実施していく。二分間で多い人だと三〇回以上の答えを繰り出す。ちなみに私の演習でのこれまでの最高記録は、山形県教育センターの高校教諭の方が記録した四五回だ。

通常、数回目までは、名刺に書かれているようなごく一般的な答えが出てくる。一〇回を超えてくると、履歴書の特記欄に書かれているような内容が繰り出される。二〇回を超えるようになってくると、どこにも書かれていない、ふだんあまり人前で話さない自分の夢や思いが、飾らない言葉で表現される。ポジティブで、明瞭で、具体的で、新鮮で、型にはまらない独自なアンカリングのあるフレーズが、次の例のように生まれるのだ。

「バレーボールで国体に出場しました」「自転車で通勤しています」「実家は民泊を始めました」「中小企業の海外進出の役に立ちたいです」「エコ商品の普及に努めています」「感謝の思いを広げることが仕事です」「花の名前を一〇〇言えます」「年二〇回マラソン大会に出ました」「○○の副業をしています」

スキル
35

相手の心に響くビジネスフレーズ
――アンカリングのある商品紹介をする

買い手に興味を持たせる商品紹介をするには、どうすればよいか？

自社の商品を紹介する機会の多い人もいるだろう。新商品が発売されると、本社の担当部門が練りに練ったキャッチコピーや販売話法を作成して、全国の営業担当者へ配布している会社も少なくない。しかし、本社が作成したキャッチコピーや販売話法が、個々の営業担当者の役に立っているだろうか疑問に思える場合もある。

もちろん、役に立っていることもあるだろう。しかし、個々の営業担当者からみれば、自分とは別の、それも本社が作成したキャッチコピーや販売話法は、どこまでいっても借り物のフレーズでしかない。借り物のフレーズではアンカリング力は高まらない。

商品紹介のアンカリング力も、スキル34で紹介した反復演習によって高めることができる。聞き役の人が「あなたは誰ですか？」と聞くかわりに、「この商品は何ですか？」と聞くのだ。答える役の人は「この商品は○○です」と聞かれるたびに異なる答えを繰り出す。

二〇回を超える頃になると、その商品に対する強い思いが、フレーズになって出てくる。

そうしたフレーズが顧客の心に響き、顧客の購買行動を促進するのだ。

この反復演習をする時には、事前準備をしないことが大切だ。商品カタログやパンフレットや説明書を読んで、どういう答えをしようかと準備をしてしまうと、借り物のフレーズしか出てこない。

もちろん商品内容は頭に入れたうえで、しかし直前にはカタログやパンフレットに依存せずに、自分の頭の中、心の中に浸透した内容から生まれるフレーズを生み出していくのだ。そうすることで、型にはまらない独自なアンカリングフレーズを繰り出すことができるようになる。

保険会社の営業担当者にセミナーをした時のことだ。参加した営業担当者のうち、アンカリングフレーズを生み出すことに長けた人たちは、いずれも営業成績が優秀だった。会社が提供する共通話法や標準話法だけに頼らず、自分自身の思いをふまえた話法こそが相手に伝わりやすく、成果を生み出すのだ。

スキル
36

相手の心に響くビジネスフレーズ
――アンカリングのあるサービス紹介をする

会社のサービス紹介パンフレットが使えないのは、なぜか？

サービスを提供している会社の紹介パンフレットは、その内容がきっちりと詳細に記載されているものがとても多い。目に見える商品ではない分、これでもかというほどさまざま解説しているものもある。

じつは、解説すればするほど、なるほどと思わされるアンカリング力は低下してしまう。作成者側は、さまざまな工夫をしているうちに、さらに詳細な解説になってしまう。パンフレットの作成プロセスを経るごとに、複数の目で確認が入り、あれも入れようこれも入れようと、てんこ盛りになり、表現は一般化してしまう。

相手を引き付けたいという目的でサービス内容を顧客に説明する時には、詳細なサービス説明書を使わないほうがよい。アンカリングとは逆の効果が働くからだ。自分の言葉で自分の思いを伝えることがいちばんだ。そこにこそ、使い古されていない新鮮なフレーズが含まれる。

サービス紹介のアンカリング力も、スキル35で実施した商品紹介の反復演習を、自社サービスに置き換えることによって、高めることができる。目に見える商品と異なり目に見えないサービスが題材である分、商品説明よりもバリエーションに富んだ表現が生み出されやすい。

スキル
37

相手の心に響くビジネスフレーズ
――環境を変えてアンカリング力を高める

アンカリングフレーズがなかなか出てこない場合は、どうすればよいか？

「あなたは誰ですか？」「この商品（サービス）は何ですか？」と問答する反復演習をしても、アンカリングフレーズが生み出されない場合がある。

履歴書・自己紹介書や、商品パンフレットや、サービス内容説明書に書かれている内容を次々と繰り出すことに終始してしまう。アンカリングフレーズを繰り出すどころか、記憶力テストになってしまっては本末転倒だ。

じつはここには大きな誤解がある。自己紹介では必ず履歴書記載内容を説明しなければならない、商品やサービスの説明は必ず担当部門が作成したパンフレットや説明書で説明しなければならないと思い込んでいる人が多いのだ。

アンカリング力を上げるためには、そうした思い込みを変える必要がある。そのためには、演習環境を変えることも一方法だ。サントリーグループの飲料営業を担う企業では、主力商品のひとつである天然水の源流を実際に探索したり、商品ボトルを手にしたりしながら、天然水商品のアンカリングフレーズを繰り出す演習をしている。

一方、ブランドガイドラインを設けて、説明で使用するフレーズを制限している会社もある。なかには、誤った説明がされることを防止するために、パンフレットに書かれていること以外は話してはならないというルールを設けている会社もある。

誤った説明は避けなければならないという意識ばかりが先に立ち、パンフレットに書かれていることだけを説明しているのでは、決してアンカリングは生じない。パンフレットに書かれている主旨を逸脱せず、サービス内容を誤りなく、しかし、自身の内なる声が生み出したアンカリングフレーズで繰り出すことが大事なのだ。

	例
	この考え方をふまえると、次のことが言えます
	逆の視点に立てば、次のポイントの検討も必要です
	最近発生した具体的な事例を示します
	私も実際に経験したことを紹介します
	細部を掘り下げてみていきます
	これまでご提案してきたことをまとめます

スキル
38

話題をつなぐブリッジ——構成をつなぐブリッジ

話のつなぎがうまくいかない時には、どうすればよいか？

アンカリングフレーズで構成したメッセージを繰り出すことができれば、聞き手を引き付け、聞き手の関心度や集中度の低下を防止しながらプレゼンテーションを進めることができる。

しかし、プレゼンテーションを進めるにあたって、話の継ぎ目がスムーズにいかない、メッセージとメッセージがうまくつながらないという問題に直面することがある。

話の継ぎ目がスムーズにいかない原因は、つなぎのフレーズがないか、前後のフレーズに照らしてマッチングが悪いケースが少なくない。つなぎのフレーズをブリッジと言う。ブリッジを繰り出すスキルを高めることで、構成全体がスムーズに流れやすくなるのだ。

種類	効果
順接	同様の方向につなげる
逆接	異なる方向につなげる
例示	具体的な例示をする
経験	当てはまる経験を紹介する
詳細	詳細を掘り下げていく
まとめ	まとめて説明する

プレゼンテーションの各論と、投映スライドの各頁は、スキル31で紹介したように、最初と最後にメッセージを伝える構成となるので、各論と各論、各頁と各頁はメッセージとメッセージでつなぐことになる。メッセージとメッセージのあいだにブリッジを挿入して、つなぎをスムーズにする。

ブリッジには、表のように、順接、逆接、例示、経験、詳細、まとめの各種類がある。同様の方向につなげるのであれば順接、異なる方向につなげるのであれば逆接のブリッジを使う。

スキル
39

話題をつなぐブリッジ――幕開けの間によるブリッジ

次の話への期待を高めるためには、どうすればよいか？


ブリッジを効果的に使えば、ブリッジをかける箇所で、聞き手が顔を上げてくる、アイコンタクトしてくる、うなずくといった動作がみられやすくなる。

しかし、ブリッジをかけているにもかかわらず、聞き手を起こしたり、引き付けたりする効果が実感できないことがある。

こうした場合は、ブリッジのかけ方に問題があって、その効果が出にくいことに問題がある。ブリッジのかけ方は、ブリッジのバリエーション、かける速度と密接な関係がある。

同じブリッジをかけ続けていたり、同じパターンのブリッジが続いたりすると、ブリッジが単調になり、効き目がなくなりやすい。無意識に構成していくと、例えば、スキル38の例のうち、「詳細、詳細、まとめ」のパターンが続いたり、「例示、例示、まとめ」のパターンが続いてしまったりする。

話し手としては話しやすいのだろうが、聞き手からみると、同じパターンが繰り返されることで、効き目が低下する。同じ構成が繰り返されることは、聞き手の関心度や集中度の低下を抑える効果があまりない。

また、ブリッジはゆっくりかけることが大事だ。それにより間ができて、次に話すことは何だろうという聞き手の関心を高めることができる。

大事なポイントは、次の展開へのブリッジをかけてから、投映スライドの次の頁に移るということだ。これを逆にして、次の頁にしてからブリッジをかけてしまっては、種明かしをしてしまっているのと同じで、ブリッジは全く効かない。「ここまで、最も重要と思われる課題についてご説明してきました。一方、全く逆の観点からの課題があることにも気づき始めています（ブリッジ）（間）（次の頁へ移行）」というように、ブリッジをかけてから頁移行する。

スキル
40

話題をつなぐブリッジ――後戻り話法によるブリッジ

ここぞという時に、聞き手を一気に引き付けるためにはどうすればよいか？

ブリッジをかけてから、投映スライドの次の頁へ移る。ブリッジをかけて、間をつくっているあいだに、次の話は何だろうという気持ちを聞き手に持ってもらう。このようにブリッジには、聞き手の関心度や集中度を低下させないようにする効果がある。

プレゼンテーションを進める中で、よりしっかりと聞き手を引き付けたいというポイントがあるものだ。冒頭のＢＩＧＰＲからＭＡＰを経て、いよいよ本論に入るタイミングは、その一つだ。聞き手の関心度をできるだけ高くしておくと、その後、関心度が低下したとしても一定水準を確保できることになる。

プレゼンテーションを進める中で、ここぞという場面では、ブリッジの効果を高める仕掛けをするとよい。しかし、それは一～二度にとどめるべきだ。なぜなら、用いるたびに効果が薄れるし、他の通常のブリッジとの効果の差異が小さくなってしまうからだ。

ブリッジの効果を高める方法として、後戻り話法がある。後戻り話法は、例えばＢＩＧＰ

Ｒの後に用いる場合は、次のフレーズで用いる。

「いよいよ本論に入りたいと思いますが」（間一）

「その前に」（間二）

「本日お伝えしたい本論の全体像をお示ししたいと思います」（次のＭＡＰの頁へ移行）

間一で、聞き手に対していよいよ本論に入るという期待を高める。聞き手の本論への期待を高めたうえで、「その前に」というフレーズを入れ、間二をつくる。間二で「本論の前に何を言いたいのだろう」という気持ちを聞き手に起こさせる。十分に間をとったうえで、「全体像をお示ししたい」というフレーズを入れ、全体像で示すことの関心度を高めるのだ。

例えば、プレゼンテーションの最後に構成する、プレゼンテーション全体のメッセージの前に、後戻りの間を入れるとこうなる。「以上で提案内容のご説明は終わりです（間一）。これから質疑応答に入りたいと思いますが、その前に（間二）、重ねて私が申し上げたいことを繰り返させていただきます（プレゼンテーション全体のメッセージの頁へ移行）」

ブリッジを駆使するようになると、話にリズムが出てくる。話にリズムが出てくると、聞き手の関心度、集中度の低下を防ぎやすいし、何よりも、話している自分が楽しくなる。

第3章　一時間で合意形成するスキル

一対一の面談でも、会議でも、合意形成できないケースが増えている。まとめようと思って一生懸命になればなるほど空回りしてしまう、挙げ句の果てにまとめるほうは説明するだけ説明すればよい、聞いているほうは聞き流しておけばよいというように、互いにあきらめて面談や会議が形骸化してしまう……。こんな場面に直面したことのある人は多いだろう。

従来にも増して世代間の価値観のギャップは増大している。転職は当たり前のこととなっている。ビジネスのグローバル化、外国人労働者の流入により、異国間でのコミュニケーションも不可避だ。M&Aに直面する企業は少なくない。全く異なる経験や背景を持つメンバーと仕事をする頻度が急増している。合意形成の難易度が格段に高まっているのだ。

トップダウンの説得は、価値観が同じ相手に対して比較的効きやすいが、価値観が異なる相手に対しては逆効果になりやすい。一生懸命になればなるほど反発を受けたりしがちだ。ましてや自分と異なる価値観を持った相手も一様ではない。異なった多様な価値観をそれぞれが持っているので、個別の相手の事情に合わせて合意形成しようとしては、時間も労力もかかり過ぎてしまう。

こうした状況で、合意形成のための時間短縮を図り効率を上げていくためには、メンバーが持っている異論や懸念の中で、最も深刻な異論や懸念から順に解消していくことが有効だ。そして、合意形成の確度、メンバーの腹落ち度合を高めていくためには、トップダウンによる説得ではなく、メンバーの発言を梃《てこ》にして合意形成していくことだ。そのためには、リーダーの質問スキルの発揮がキーになる。

この章で紹介する二〇の合意形成スキルは、相手を説得するためのトップダウンのリーダーシップではない。それとは逆の、質問によって相手の異論や懸念を洗い上げ、掘り下げ、方向性を示唆して、まとめる、巻き込み型のリーダーシップだ。この方式ならば、一時間で必ず合意形成が実現できるようになる。

スキル 41

合意形成できない会議――時間切れに陥らない

会議で議論が紛糾してしまう場合は、どうすればよいか？

予定時間を過ぎても合意形成できずに、時間延長になったり、時間切れになったりする会議がじつに多い。なかにはそうなることを見越して、予定時間を定めずにエンドレスに行われる会議さえある。

一定時間内に合意形成できない会議では、たいてい議論が紛糾している。終盤で紛糾して最後に合意形成できない、中盤から紛糾してまとめようと努力を尽くすが時間切れになる、開始当初から紛糾して収拾がつかなくなる場合もある。

議論が紛糾するのは、異論や懸念に対して無秩序に応酬するからだ。議論すること自体は悪いことではないし、会議には不可欠だ。しかし、それが無秩序になってしまっては、合意形成できるはずはない。

異論や懸念に対して無秩序に応酬することを回避しながら、合意形成のために適切なタイミングで議論をたたかわすにはどうすればよいだろうか。

そのためにとても簡単で最も効果のある方法は、四つの質問で会議を進行し、合意形成していく方法だ。四つの質問とは洗い上げ質問、掘り下げ質問、示唆質問、まとめの質問だ。具体的な質問話法は、スキル44以降で紹介するが、概要を示そう。

会議で合意形成したいプランがあったとしよう。提案者から、そのプランの内容が説明された後、進行役が始めに行うことは、洗い上げ質問だ。そのプランの内容についての異論や懸念を残らず出してもらうのだ。一時間の会議で二〇人の参加者で合意形成しようとする場合、一五分もあれば、異論や懸念はたいてい出尽くす。

その後に、進行役は洗い上げ質問から掘り下げ質問に移行する。洗い上げられた異論や懸念のうち最も深刻なものはどれか、どれから議論したいかを質問するのだ。

最も深刻な問題が明確になったら、その問題を提起した参加者に対して、ある前提をおいて、その前提があれば賛成かどうかを質問し、方向性を絞っていく。私はこれを示唆質問と称している。そして、まとめの質問で、参加者全員に、その方向でよいか質問するのだ。

トヨタグループと関連企業の役員・管理職研修で、トヨタ自動車本体、全国の販売会社、部品工場などの関連企業の幹部が一堂に会してこの演習をしている。「四つの質問による合意形成手法により、会議時間が短縮された」「合意度が高まった」、ひいては「グループ会社の役員間の親密度が格段に上がった」というフィードバックを受けている。

スキル 42

合意形成できない会議——見せ掛けの合意に陥らない

会議で本音が発言されず見せ掛けの合意に陥ってしまう場合は、どうすればよいか？

会議で発言する人が提案者や実権者の顔色をうかがっていたり、とりつくろった発言が繰り返されたりする、会議で決定されても実際にはなかなか実行されないといったケースはじつに多い。

発言者が「賛成です」「よいご意見です」と提案者に調子を合わせながら、内心では「できるはずがない」「無理だ」と思っているという面従腹背の事態も少なくない。実質的な議論がされないまま形式的な合意だけが行われる、見せ掛けの合意のケースだ。

見せ掛けの合意を回避するために、最も有効な方法は、参加者に本心からの発言を促すことだが、これにはスキル41で紹介した、四つの質問が有効である。

加えて、「発言の良い悪いを判断しない」「意見に正しいとか間違っているということはない」「反対意見は歓迎だ」「意見がまとまっていなくても言ってほしい」「考えの途中での発言も歓迎だ」といったメッセージを、四つの質問を繰り出す際に織り込むと、格段に建設的な議論が進む。

良いか悪いか、正か否かを判定しようとするから、顔色をうかがったり、とりつくろったりする発言になり、結局のところ会議で決定したことが実行されずに、会議の意味がなくなってしまうことになる。

エネルギー関連企業の若手リーダーは、このスキルを実施するようになってから、会議で意見が出るようになったとともに、チームメンバー同士の気心が知れるようになったと感じたという。日頃から気持ちが通じ合うことで、会議でも活発に意見交換できるようになるという、相乗効果がもたらされたのだ。

スキル 43

合意形成できない会議――会議で発言を促す

会議で参加者が発言しない場合は、どうすればよいか？

ある企業で演習した際に、「そもそも会議で発言する人がいない場合はどうすればよいだろうか」という質問を受けたことがある。確かにそのような場面に直面したことのある人も多いだろう。賛成意見も反対意見も出ず、たんたんと会議が進行していく。そもそも異論や懸念は表明されないので、本当の賛否はわからないのだが、表立った反対がないので、賛成したと見なされていく。そうしたケースに限って、「会議で決まったのだから、実施しろ」というような掛け声ばかりが飛び交うことになる。

「会議で発言しない本人が悪いのだ」と思いがちだが、じつはこうしたケースでは、会議で発言を出させないような要因があることが多い。発言しようというモチベーションを下げる要因が積み重なってくると、誰も発言しないという事態になってしまう。

そもそも発言を促されない、言葉では促していても、態度では促していないというケースがある。合意形成のための会議であるにもかかわらず、合意形成のための議論の時間が確保されていない場合だ。六〇分の会議で、例えば提案に五〇分、質疑応答に一〇分と示したとすれば、合意形成の議論はしませんと宣言しているようなものだ。これは合意形成の会議とは言えず、提案説明の会議だと言ったほうがよい。

冒頭、組織の長が挨拶して始める会議が多い。組織の長はよかれと思って、叱咤激励の意味で、業績のここが悪い、組織のここが問題だ、しっかり考えるようにと訓示をする。これが、参加者の発言意欲を大きく減退させる。訓示は訓示の会議で行うべきで、合意形成のための会議の中では行うべきではない。

ビジネス活動の中で、当たり前のように行われていることが、じつは会議参加者の能動性を阻害してしまうことも多い。決められた席に行く、名札が置かれている、同じ飲み物が置かれている、発言は指名制……、これらは皆、人を受け身にさせる。逆に、自由席、名札は自分で書く、さまざまな飲み物から選ぶ、発言は自分の意思でできる……、このような方式に変えるだけで、格段に能動性は高まる。

あるサービス業の企業で、スキル42の方法に加えて、会議を後者のような方式に変えたところ、堰を切ったように発言が出るようになった、実効性のある方法だ。

スキル 44

洗い上げ質問による異論や懸念の洗い上げ

——洗い上げ質問

異論や懸念を洗い上げるには、どうすればよいか？

合意形成のための四つの質問の最初の質問は「洗い上げ質問」だ。スキル41で示した、異論や懸念を洗い上げるための質問だが、洗い上げ質問をしても、異論や懸念が出てこない場合はどうすればいいのだろうか。

進行役として、異論や懸念を出してもらおうと思ってがんばればがんばるほど、浮いてしまい、会議参加者との距離が開いてしまったりする。

洗い上げ質問をしているのに、異論や懸念が出されない場合には、洗い上げ質問の仕方に問題がある。提案内容に対して異論や懸念を表明するのだから、参加者が発言するためにはモチベーションも必要だしエネルギーもいる。モチベーションを高め、エネルギーを発揮させやすくすることが、洗い上げ質問には必要だ。

進行役は、参加者に対して、「ただいまの提案に対して、異論や懸念はありませんか？」と洗い上げ質問をする。「異論や懸念」という表現を用いるよりも、「気になる点があれば遠慮なく出していただけますか？」「ひっかかった点があればどんなことでもよいのですが、どのような点でしょうか？」という表現のほうが、参加者は発言しやすい。発言のハードルを低くして、参加者を構えさせないようにする方法だ。

「細かいことでも……」「本題に関係ないことでも……」と、洗い上げ質問を開始した当初は、あえて提案の本論ではない問題に対しても発言を促して、参加者全体の場づくりをすることも効果を上げる。

一人が発言したら、「これに関連して、気づいた点などありますか？」「別の観点でも結構ですが、さらに遠慮なくおっしゃっていただけますか？」と発言を促していく。

進行役が絶対にやってはいけないことは、「気になる点を出してください」「引っかかった点をおっしゃってください」というように、質問形ではなく命令形で促すことだ。どんなに丁寧な表現を用いようとも指示・命令形を用いた途端に、参加者の発言意欲は下がっていくと思ったほうがよい。

スキル 45

洗い上げ質問による異論や懸念の洗い上げ

――洗い上げを加速させる

異論や懸念の洗い上げが途絶えてしまうのは、どうしてか？

洗い上げ質問をして、異論や懸念が出たけれども、発言が続かないこともある。発言が一つあれば、それが呼び水になって、次の発言につながりやすくなるものだが、そうならないケースだ。

異論や懸念の洗い上げは、次々と洗い上げされてこそ、次の掘り下げ質問につながっていくので、単発で発言があっただけでは、合意形成のプロセスが進まないことになる。

洗い上げ質問で、異論や懸念の発言が連鎖しないケースは、その連鎖を止めてしまっている要因があることが多い。その要因は、提案者や進行役による、否定表現であることが多い。

異論や懸念が挙がるたびに、「そんなことはわかっている」「それはあなたが気にしているだけだ」「もっと良い意見はないのか」などと、提案者や進行役がリアクションする否定表現ほど、参加者の発言意欲を低下させるものはない。

洗い上げ質問により、参加者から異論や懸念の発言があったら、その都度、「良いご意見ですね。他にも挙げていただけますか？」「なるほど、そういう考え方もありますね。さらに気になる点がありますか？」というように、肯定的なリアクションをするだけで、参加者の意欲は上がり、異論や懸念の洗い上げがしやすくなる。

肯定的な言葉でリアクションしても、イントネーションや態度に否定的なニュアンスが含まれていたとすれば、そうした否定的なニュアンスは敏感に参加者に伝わるものだ。大事なポイントは、進行役は、心の奥底から肯定的な気持ちになって、洗い上げていく異論や懸念に対して、肯定的な言動をしていくことだ。

異論や懸念の中には、耳触りの悪い話もあるだろう。「提案時に説明したのに、なぜ理解してくれないのか」と思うこともあるだろう。「異論や懸念など聞きたくない」という気持ちが湧き上がるかもしれない。しかし、それをコントロールして、「異論や懸念の洗い上げは合意形成のために必要だ」「洗い上げなくして合意形成はできない」「確かに気付かなかった良い意見だ」というように、心底から必要な良い意見だと実感して、リアクションするのだ。

スキル
46

洗い上げ質問による異論や懸念の洗い上げ

――紛糾を避ける

会議で紛糾してしまうことを避けるには、どうすればよいか？

ある製造業界の会社で演習した時のことだ。「議論の冒頭で異論や懸念を洗い上げるなど、寝た子を起こすことにならないのか」という質問があった。それも、異論や懸念に対して、肯定的にリアクションして、どんどん洗い上げるなど、紛糾するに決まっていると言いたくなる人もいるだろう。

確かに洗い上げることで、かえって紛糾することにならないかと懸念するのはわからないでもない。しかしこれは誤解だ。

じつは、会議が紛糾するのは、異論や懸念を洗い上げるからではない。出された異論や懸念に対してその都度応酬するからだ。「この点が問題だ」→「いや、それは問題ではない」、「こうした懸念がある」→「先ほど説明したように大丈夫だ」、ああ言えば、こう言うといった応酬をするから、会議が紛糾するのだ。

会議を紛糾させないためには、異論や懸念を洗い上げる、洗い上げ質問の段階では、異論や懸念に対して反論しないで、決して応酬しないことだ。応酬しないで合意形成ができるのかと思うかもしれないが、応酬しないことこそが合意形成の秘訣だ。

応酬する代わりに、ひたすら洗い上げをし、出された異論や懸念にたいして肯定的なリアクションを返し、洗い上げをやりとげる。ひとたび応酬してしまったら、会議の冒頭から紛糾してしまう。

異論や懸念を洗い上げ、掘り下げ質問により最も深刻な問題を特定し、その問題に対して示唆質問を繰り出し方向性を絞り込み、まとめの質問をする。

前頁の質問をした会社の管理職の会議で、実際にこの方法を実施したところ、四つの質問による合意形成手法は、質問だけで構成するので、応酬が入り込む余地がない、応酬しないので、格段に合意形成の確度が高いことを実感したと言う。その後、この手法を修得した管理職が増えるにつれて、ますますスムーズに会議が進行するようになった。

スキル
47

掘り下げ質問による異論や懸念の優先順位付け

——掘り下げ質問

会議で最も深刻な異論や懸念を突き詰めるには、どうすればよいか？

合意形成のための四つの質問の二つ目は掘り下げ質問だ。提案内容に対する異論や懸念を洗い上げた後は、出された異論や懸念の中で最も深刻な問題は何かということを突き詰める。しかし、何が最も深刻なのか突き詰められなかったという経験をした人もいるだろう。

進行役として、異論や懸念を掘り下げようと思ってがんばればがんばるほど、混乱してしまい、この段階で紛糾してしまうことも少なくない。

掘り下げ質問をしているのに、最も深刻な異論や懸念を絞り込むことができない場合には、掘り下げ質問の仕方に問題がある。どの異論や懸念が最も深刻な問題か、発言した本人としても明確に意識しておらず、あらためて問われると、即答できない場合も少なくない。

進行役は、参加者に対して、「ただいま挙がった異論や懸念の中で、どれが最も深刻ですか？」と掘り下げ質問をする。この場合、「どれが最も深刻ですか？」という表現を用いるよりも、「AとBであれば、どちらが気になりますか？」「三つの中で、どれから先に議論したいですか？」という表現のほうが、参加者は答えやすい。答えのハードルを低くして、参加者を構えさせないようにする。

「強いて言えば」「あえて順番を付けるとすれば」というフレーズを付して、発言を促して、参加者全体の意見を吸い上げていくことも効果を上げる。

一人が発言したら、「この優先順位についてはどう思いますか？」「別の考え方がありますか？」「これまで出た意見をふまえると、A、B、Cの順に深刻だという意見が多いようですが、どう思いますか？」と発言を促して、掘り下げていく。

進行役が決してやってはいけないことは、Aが最も深刻だという意見が出たらAですねと言い、Bが最も深刻だという意見が出たらBですねと言うように、代弁者であり続けることだ。多数意見はどれかを見極めながら、「AとBであればAが深刻だと言う人が多いようですが、○○さん、どう思いますか？」といった形で掘り下げていくと、最も深刻な問題を見極めやすい。

スキル
48

掘り下げ質問による異論や懸念の優先順位付け

――掘り下げを加速させる

異論や懸念の掘り下げが中断してしまうのは、どうしてか？

掘り下げ質問をして、異論や懸念を掘り下げ始めたけれども、発言が続かないというケースも少なくない。異論や懸念の掘り下げは、会議参加者の大多数が発言した内容をふまえて掘り下げてこそ、次の示唆質問が効いてくるので、単発で発言があっただけでは、最も深刻な異論や懸念の信頼度が高まらないことになる。

掘り下げ質問で、異論や懸念を掘り下げる発言が連鎖しないケースには、連鎖を止めてしまっている要因が存在する。それは、提案者や進行役が掘り下げの誘導をし過ぎることだ。

この問題が最も重大だ。何から先に議論するかという異論や懸念の掘り下げについて、提案者や進行役が恣意的に進めようとした途端、そのこと自体が合意形成をする意思を疑わせることになり、参加者の発言意欲を低下させてしまう。

提案に対して最も深刻で最初に議論すべき異論や懸念は何かということについて、提案者は、提案者の自分が最もわかっているので、よかれと思って誘導したくなりがちだ。しかし、誘導していると会議参加者から思われた途端に、提案者は自分の意見を押し通したいだけだという印象を持たれてしまい、参加者を別の考えに走らせて紛糾させたり、発言を控えさせたりしてしまう。

進行役は、合意形成をしていかなければならないという思いから、洗い出された異論や懸念のうち、どれから議論していくかについて、自分で決定しなければならないと思いがちだ。しかし、これも誘導しているとみられて、参加者に抵抗感を持たれてしまう。

提案者にせよ、進行役にせよ、誘導色を出さないことが、合意形成のための鉄則だ。合意形成をしたいのであれば、参加者が深刻だと思う異論や懸念に則って会議を進めていけばよい。

ある大手飲料メーカーの幹部から、トップダウンで、有無を言わせず方針を徹底させたい時には、どうすればよいかという質問を受けた。そうしたい場合や、そうせざるを得ない場合は、トップダウンで指示、命令すればよい。しかし一方、合意形成したうえで進めたいと思ったり、そのほうがよいと思う場合には、掘り下げ質問で誘導色を一切出さずに、合意させたい相手の最も深刻な異論や懸念に対して、合意形成プロセスを進めることがよい。

スキル
49

掘り下げ質問による異論や懸念の優先順位付け
——議論の脱線を防ぐ

議論の脱線を防ぐには、どうすればよいか？

洗い上げられた異論や懸念の中で、最も深刻なものを掘り下げている段階で、議論が脱線しそうになることがある。掘り下げ質問の段階にもかかわらず、新しい異論や懸念が出されたり、今回の提案と直接関係ない問題が深刻だということで挙げられたり、進行役として苦労する場面に直面する。議論を戻そうとすればするほど、紛糾してしまったりする。

現在議論しているトピックが何なのか、参加者は、進行役ほどに意識していないものだ。進行役が、「どうぞ気楽に発言してください」と参加者の意欲を高めれば高めるほど、発言の範囲は拡散する。特に掘り下げ質問は、最も深刻な異論や懸念を掘り下げていく段階なので、自由に発言してもらうという議論を拡散させる要素と、掘り下げるという集約していく要素とを両立させなければならないところが取り組みがいのある点だ。

進行役が、この相反する要素を両立させるための効果的な方法は、自分が思う以上に意識的に現在議論しているトピックを進行のフレーズの中に盛り込むことだ。

「出された異論や懸念の中で最も深刻なものはどれでしょうか？」「○○の問題が出されましたが、他にはいかがでしょうか？」「どの異論や懸念から先に議論したいですか？」「その意見について、△△さん、いかがでしょうか？」「○○の問題が最も深刻だという意見が多いようですが、みなさん、いかがでしょうか？」というように、二〜三回に一度は、現在議論している○○の問題というトピックを盛り込む。そうすることで、かなりの程度、発言を制御できる。

それでも、本題からかけ離れたり、すでに議論が終わっているトピックについての発言が出されたら、「ご発言ありがとうございます」「それもよいご意見ですね」というように肯定的にリアクションしたうえで、「本題は○○ですので、書き留めておきますね」というように認識していることを示すとよい。否定したり、無視したりすることが紛糾の元凶だからだ。

ＩＴ業界の企業の幹部と演習した時、「こういう方法は、目下の者におもねっているようで違和感がある」という感想を持った人がいた。しかし一ヵ月後に、その幹部から「一ヵ月続けてみたら、さまざまな発言に対して本心からありがたい発言だ、よい意見だと思うようになった。継続していると気持ちが変わってくるものですね」という感想をもらった。行動が意識を変えるということを実感してもらった例だ。

スキル
50

示唆質問による方向性の見極め――示唆質問

異論や懸念を解消するには、どうすればよいか?

洗い上げ質問で異論や懸念を洗い上げ、掘り下げ質問で最も深刻な異論や懸念を掘り下げたら、掘り下げた異論や懸念を解消していく。しかし、どうやったら、異論や懸念を解消できるのかわからないと戸惑うこともあるだろう。

想定される異論や懸念をあらかじめ用意しておいて、提案者や進行役が、この問題はこうしたらよい、あの問題はこうしたらよいと一生懸命説明すればするほど、紛糾してしまうケースも少なくない。

こうした場合、じつは、解決策を押し付けるから紛糾するのである。つまり、参加者に押し付けないで、参加者自身に解決策を考えてもらえばよい。この場合、前提が全くない中で考えてもらうと議論が拡散してしまうので、ある前提をおいて考えてもらえばよいことになる。

ある前提をおいて考えてもらうための方法が、示唆質問である。示唆質問とは例えば、

「人手が足りないから、提案に賛成できない」ことが最も深刻な異論や懸念であれば、「仮に人手を確保できたら、賛成ですか？」というように、前提条件付きで、方向性を示唆する方法だ。

例えば、「業務山積で、スケジュールを捻出できないので、提案に反対だ」ということが最も深刻な異論や懸念であれば、「スケジュールを後ろ倒しにできれば、少なくとも反対しませんか？」というように、ある前提がクリアできれば賛成か、少なくとも反対ではないかを質問する方法だ。

ポイントは、洗い上げ質問と掘り下げ質問を十分に行ってから示唆質問に入ることだ。これらを十分に行っていないで示唆質問をしても、「別の問題がある」「他にもっと深刻な異論や懸念はある」といった反応が返ってきて、紛糾のもととなってしまう。

スキル
51

示唆質問による方向性の見極め——方向性を誘導する

方向性を示唆しても、相手が同意してこない場合は、どうすればよいか？

最も深刻な異論や懸念に対して、「仮にAという前提だったら、賛成か？」「Bという条件が満たされれば、反対しないか？」という示唆質問を繰り出して、合意の方向性を見極める。

しかし、示唆質問を繰り出しても、相手が同意してこないという場面もある。相手が同意してこなければ、いくら示唆質問を繰り出しても合意形成できないことになる。

示唆質問に効き目がないケースは、進行役が方向性を決めてしまっていることが少なくない。進行役が方向性を決めてしまっている場合、その方向性に沿った示唆質問を繰り出して、そこで示した前提に同意を得られなければ、その先に進めないというような事態に陥りがちだ。

最も深刻な異論や懸念に対して、同意を取り付けるための示唆の方向は、一つではない。AがだめならばB、BがだめならばCと、さまざま繰り出して、相手が同意を示してくれるという前提で進めればよい。

例えば、「人手が足りないから、提案に賛成できない」という異論や懸念に対して、「仮に人手を確保できたら、賛成ですか?」という示唆質問に同意の返答を得られなかったら、「〇〇部に協力してもらって、人手を提供してもらうことができれば、賛成ですか?」「アルバイトを雇うことで、人手不足を多少補うことができれば、少なくとも反対はしませんか?」「人手に合わせて、実行プランを縮小することができれば問題は軽減しますか?」というように、他の示唆質問をいくつか繰り出してみることだ。相手の反応をみながら、合意度が最も高そうな、かつ、実現可能性が高い前提で進めればよいことになる。

いくつかの示唆質問をテスト的に繰り出すことを邪魔するのは、進行役が、この方向性でまとめたいというこだわりそのものだ。進行役の許容度が高ければ、合意形成しやすい。進行役の許容度が低ければ、合意形成しにくいのだ。

スキル
52

示唆質問による方向性の見極め
——示唆質問が思いつかない場合の対処

議論の方向性が思いつかない場合は、どうすればよいか？

そもそも最も深刻な異論や懸念に対して、ある前提をおいて方向性を示唆する示唆質問を繰り出そうとしても、進行役が示唆質問を思いつかないことがある。進行役が口ごもっているあいだに議論が紛糾してしまったり、参加者の同意を得られる示唆質問が繰り出せないまま時間が過ぎていったりして実質的な合意ができないケースもある。

結局、議題について勉強不足だった、準備不足だったと後悔しても後の祭りである。

進行役が思い通りの示唆質問を繰り出して、思い通りの方向に議論を誘導していきたいという思いが強いほど、こうした事態を引き起こしやすい。また、示唆質問は進行役だけが繰り出すものという固定観念が、こうした状態に陥らせる。ちなみにトップダウンの文化が根付いている企業ほど、このようになりがちだ。

示唆質問を思いつかなかったら、最も深刻な異論や懸念を挙げた人に、どういう前提であれば賛成する気持ちになるか、どういう状況になれば少なくとも反対はしないか、聞いてみればよい。異論や懸念を持った張本人こそが、最も確度が高い、方向性を示唆する答えを持っていることが多いからだ。

示唆質問で実現したいことは、異論や懸念を唱えた本人自身の反対する気持ちを解消することなので、どういう前提ならば解消するか、本人に考えてもらえばよいのだ。

もしかしたら、本人が、解消策に対する明確な答えを用意していないかもしれない。しかし、質問して回答してもらうやりとりをする中で、同意の方向性が見つかってくるものだ。

異論や懸念を挙げた本人に解消策を聞くことを潔く思わない進行役もいるだろう。自分が一番わかっていなければならない、自分が仕切らなければならないと張り切っている人こそ、そう思いがちだ。しかし、張り切って肩肘張ってしまうことこそが、相手に解消策を聞くことを妨げて、結局、合意形成を妨げることになってしまうのだ。

大手百貨店のマネジャーは、会議の進行役をすることをとても重荷に感じていたが、この手法を修得してから、わからなければメンバーに聞けばよいので、気が楽になったと言う。そして、この手法を実施するようになってから、これまでのように指示、命令し、メンバーが反発するということがなくなり、メンバーとの関係が親密になったという。

質問による合意形成手法は、提案者や参加者を含む会議メンバーの中で、議題に最も精通していなくても、進行役が務まるファシリテーション手法なのだ。

スキル
53

まとめの質問による合意形成——まとめの質問

会議の最後で紛糾してしまうのは、なぜか?

洗い上げ質問で異論や懸念を洗い上げ、掘り下げ質問で最も深刻な異論や懸念を掘り下げ、示唆質問で解決の方向性を示唆し同意を取り付けるというプロセスを進めても、いざ、会議をまとめようとすると最後に紛糾してしまうケースもある。

せっかくここまでプロセスを進めて来たのに、なぜ最後に紛糾してしまうのか……。まとめよう、まとめようと意識すればするほど、最後に紛糾してしまったりする。

こうした場合は、洗い上げ、掘り下げ、示唆を、各々質問で繰り出しているのに、最後の会議のまとめが命令や指示の形になっていることが多い。最も深刻な異論や懸念を挙げた人には、質問によって、示唆した方向性に対する合意度合を確認したにもかかわらず、最後のまとめでメンバー全員に対して合意確認をする際に、命令口調になってしまうのだ。

最も深刻な異論や懸念を挙げた人に対して示唆質問で方向性をしぼりこんだら、まとめの質問によって、参加者全員の意思確認をすれば、最後の結論を押し付けなくてすむ。

「業務山積で、スケジュールを捻出できないので、提案に反対だ」ということが最も深刻な異論や懸念であれば、「スケジュールを後ろ倒しにできれば、少なくとも反対しませんか？」と、最も深刻な異論や懸念を挙げた人に示唆質問を繰り出す。その人が、「それだったら反対しない」と答えたら、「みなさん、スケジュールを後ろ倒しにするという前提で、この提案に賛成ということでよろしいでしょうか？」とまとめの質問を繰り出すのだ。

このまとめの質問により、プロセスの中に指示、命令、押し付けを一切盛り込まずに、合意形成を完結することができる。まさに質問だけでプロセスを進めることで、相手の答えを引き出し、それを梃にして合意形成していく巻き込み手法だ。

じつは、質問による合意形成のスキルは、これまでトップダウンで指示や命令ばかりしてきたリーダーであればあるほど、実施した場合の効果が高い。異論や懸念を聞いてくれた、最も深刻なことは何か質問してくれた、どうすれば合意できるか質問してくれた、結論も命令しないで確認してくれたというように、思ってもらえるからだ。

「トップダウンのリーダーシップを巻き込み型リーダーシップに変えよう」と何度唱えても、人は変わらない。そのかわり、四つの質問で合意形成するスキルを身に付けて発揮することのほうが、よほど、巻き込み型リーダーシップを発揮できるようになるのだ。

スキル 54

まとめの質問による合意形成——議論の蒸し返しを防ぐ

会議の最後でどんでん返しが起こるのは、なぜか？

洗い上げ質問、掘り下げ質問、示唆質問のプロセスを着実に進めてきたつもりなのに、まとめの段階になって蒸し返しの発言をする人がいて、議論が振り出しに戻ってしまう。こんな心配をする人もいるに違いない。

まとめの質問の段階でこのようになってしまうケースは、まとめの質問そのものに問題があるのではなく、そこに至るまでの段階が不十分だったという理由がほとんどだ。

特に洗い上げ質問が不十分だと、異論や懸念が洗い上げきれずに、より重大な問題が顕在化せずに議論が進んでしまうので、いよいよまとめの段階で、振り出しの洗い上げの段階に戻ってしまうのだ。

例えば二〇人程度の参加者で一時間の会議を行う場合、洗い上げ質問に一五分、掘り下げ質問に一〇分、示唆質問とまとめの質問に一〇分かける。これで最も深刻な異論や懸念について合意形成ができる。ここまでで三五分だ。

次に二番目に深刻な異論や懸念について、示唆質問とまとめの質問に一〇分、三番目に深刻な異論や懸念についての示唆質問とまとめの質問に一〇分かける。三番目に深刻な問題についてまで、合意形成して五五分をかける。一時間の会議で五分の予備の時間を持つことができる。

あくまでモデルの時間配分だが、もしさらに時間をかけるとするならば、洗い上げ質問だ。異論や懸念の洗い上げが十分でないと、掘り下げ質問や示唆質問やまとめの質問で揺り戻しが起きやすかったり、合意形成の納得度合が高まらない。洗い上げ質問の段階でしっかりと洗い上げておけば、後のプロセスはその分、短くなると思ってよい。

スキル
55

まとめの質問による合意形成――腹落ち度合を高める

会議でまとめようとしても、参加者の反応が弱い場合は、何が原因か？

まとめの質問をしても、参加者の反応が鈍いことがある。例えば、洗い上げ質問、掘り下げ質問により、最も深刻な異論や懸念が、運営費用を捻出できないから実施できないということだったとしよう。問題を提起した人に対して、「予算の手当てができたとすれば、賛成ですか？」と示唆質問を繰り出す。その人は「そうであれば賛成します」と回答する。

そこで進行役は、「では、予算手当てができるという条件付きで、この提案を進めるということでよろしいですね？」とまとめの質問をする。しかし、まとめの質問に対する参加者の反応が鈍く、同意しているのかいないのかはっきりとわからない。

このケースでは、まとめの質問のフレーズのアンカリング力が弱い。アンカリング力は、スキル32で紹介したように、ポジティブなフレーズ、明瞭なフレーズ、具体的なフレーズ、新鮮なフレーズ、型にはまらない独自のフレーズのほうが発揮されやすい。

「では、予算手当てができるという条件付きで、この提案を進めるということでよろしいですね？」というフレーズを繰り出しただけでは、いったい誰が予算を手当てするのかはっきりしないし、どこの部門の予算で賄うのか具体的になっていない。

「提案者の○○さんに予算を手当てできるかどうか、どの予算で賄うのか検討いただく前提で、この提案を進めるということでよろしいでしょうか？」という表現であれば、明瞭で具体的なフレーズとなり、アンカリング力が高まり、参加者は返答をしやすくなる。

「提案者の○○さんに早速、予算手当てに取り組んでいただきましょう。その前提で、この提案を進めるということでよろしいでしょうか？」と早速という一言を入れるだけでポジティブさは増すし、フレーズを短くすることで新鮮さが高まる。

スキル
56

合意形成プロセスの回し方――次の論点に移行する

会議で議論が拡散し過ぎてしまうのは、どうしてか？

最も深刻な異論や懸念に対して、示唆質問とまとめの質問で参加者の合意形成をする。最も深刻な異論や懸念に対して合意形成できたら、二番目に深刻な異論や懸念に対する示唆質問、まとめの質問に移る。

進行役が、そこでもたついてしまうと、その間に議論が拡散してしまうリスクがある。そうした例では、話題をつなぐブリッジが効いていないケースが多い。

そこで、スキル38で紹介した、話題をつなぐブリッジのスキルを使って、二番目に深刻な異論や懸念に移行することが必要だ。

深刻な順に、次の異論や懸念が挙がっているとする。

・人手が足りないからできない
・スケジュールが合わないからできない
・予算が足りないからできない

この順に示唆質問とまとめの質問で合意形成していくわけだが、次の異論や懸念に移行するたびに、「それでは次の問題について議論しましょう」「では、次に移ります」といった決まったつなぎのフレーズを繰り返していくと、そのたびに参加者の関心度や集中度は低下する。

そこで、「では、次に移ります」という単調なつなぎのフレーズのかわりに、「人手の問題と相互にかかわるスケジュールの問題が次に深刻な問題として挙げられていますので、議論しましょう」というように、前のトピックと次のトピックをつなげるフレーズを組み込んで、聞き手の関心度と集中度を高めるのだ。

大手自動車会社の管理職は、会議の進行をする際に、このブリッジのスキルを用いるようになってから、議論が拡散し過ぎたり、議題と関係ない話に終始してしまったりすることが格段に少なくなり、会議時間を短縮できたと言っている。

スキル

57

合意形成プロセスの回し方――効率的に合意形成プロセスを回す

異論や懸念の数だけ、合意形成のプロセスを回さなければならないのか？

合意形成を進める際、最初の洗い上げ質問で異論や懸念が二〇出されたら、二〇回、掘り下げ質問、示唆質問、まとめの質問のプロセスを回さなければならないのだろうか。二〇回、すべての異論や懸念について合意形成をしていくとなると、気が遠くなるような時間が必要なのではないか。このような疑問を持つ人は少なくない。

じつはその疑問は、この合意形成手法を実際の会議で使ってみると、解決される。異論や懸念が二〇あったとしても、短いもので二回、たいていは三回くらいプロセスを回すと、合意形成ができるのである。意外に思うかもしれないが、すべての異論や懸念についてプロセスを回さなくてよいのだ。それには理由がある。異論や懸念が二〇あったとしても、二つか三つの異論や懸念についてプロセスを進めれば、参加者の合意形成ができる。その理由は、最も深刻な異論や懸念からプロセスを回しているからだ。

最も深刻な異論や懸念の深刻度合を一〇〇とする。参加者一〇人のうち一〇人が深刻に思っている、あるいは一人の頭の中で一〇〇％深刻だと思っているという状態だ。二番目の異論や懸念の深刻度合が八〇、三番目の深刻度合が六〇だとする。

この順に、示唆質問、まとめの質問で合意形成していければ、三番目の異論や懸念まで合意形成が終わった時点で、単純合計で二四〇の深刻度合が解消されたということになる。すくなくとも反対しないという消極的な合意もあるだろう。半分とみても一二〇で、一〇〇以上の深刻度合が解消されたということになる。深刻度合が高い順からプロセスを回す意義はここにある。四つの質問による合意形成のスキルが、会議時間を短縮する効果があるのは、そのためだ。これが、深刻度合を見極めずに、意見が出た順に問題解決を図ろうと議論すると、時間がかかったり、それより大事な問題があるという意見が途中で出て行きつ戻りつし、時間切れになってしまうのだ。

演習でこの話をすると、「本当だろうか」「そんなにうまくいくものか」と思う人もいる。私のプログラムでは、演習で身に付けたスキルを実践して、その状況や感想や質問をメールで送ってもらい、それに対し私からフィードバックしている。すると「本当に、三回で合意形成できました」「確かにメンバーの合意が一時間で得られました」という感想をいただく。このスキルを含めて、本書では、実際のビジネス現場で効果が確認されたスキルばかりを紹介している。

スキル
58

合意形成プロセスの回し方
――合意形成プロセスの対象を見極める

会議での合意形成は、妥協の産物でよいのか？

洗い上げ質問、掘り下げ質問、示唆質問、まとめの質問の四つの質問による合意形成プロセスは、最も深刻な異論や懸念から議論していくので、スキル57で紹介したように、二つか三つの異論や懸念について合意形成した時点で参加者の合意度の単純合計は一〇〇を超える。一〇人程度の参加者の会議で、異論や懸念が二〇個出たとしても、一時間で三つの異論や懸念の解消ができ、一時間で合意形成できる手法と言える。

しかし、だとすれば、残りの一七については合意形成できていないのではないか。不完全な手法なのではないか。より多くの異論や懸念については放置しているので、たんに妥協させているだけなのではないかという意見をいただくことがある。コンサルティング会社で演習していると、よく出されるコメントだ。

意外に思うかもしれないが、その他の異論や懸念については放置していてよいのだ。妥協でよいのだ。それには理由がある。

商品の品質のチェックをするのであれば、チェック項目が一〇〇であろうと二〇〇であろうと、すべてチェックをして問題があればそれを解消する必要がある。システムのエラーをチェックするのであれば、チェック項目がいくつあろうとも、すべてチェックしてエラーを解消しなければならない。これらは、合意形成の会議によってではなくて、専門家による集中的な作業によって進める取り組みだ。

合意形成するための会議は、品質やシステムの問題が一〇〇％解消されたかどうかではなく、提案内容を実行することについて生身の人間が合意できる気持ちになったかどうかを問うものだ。二〇個ある異論や懸念のうち、最も深刻な異論や懸念が三つ解消されたところで、残りのマイナーな異論や懸念が残っていようとも、会議参加者が提案内容を実施してみようという気持ちになれば、それで合意が成立する。

品質やシステムのチェックと、合意形成の会議を混同するから、すべての疑問を解消できないと、会議における合意形成はできないものだというあきらめの感覚が広がってしまっているように思えてならない。

スキル
59

合意形成プロセスの回し方——トップダウンのリーダーシップ

合意形成により方向性が変わってしまってよいのか？

示唆質問により、ある前提をおいて方向性を示唆するということは、例えば、「スケジュールが合わないから賛成できない」という問題に対して、「スケジュール調整する前提であれば、賛成でよろしいですか？」と示唆質問をする。

スケジュールが後ろ倒しになったり、人手が増えたり、予算が変更になるという、当初の提案内容からは変更が生じることになる。

当初の提案内容から変更が生じるということは、提案者からみると軌道修正をしなければならないので、望ましいことではない。提案者の提案通り、寸分たりとも違わず押し通すことこそが、あるべき合意形成の姿なのではないか。こういう意見を持つ人もいる。

私は、示唆質問により提案内容が変わったとしても、それによる合意形成こそ、あるべき合意形成のあり方だと考える。なぜなら、この方式による合意形成のほうが、提案内容が実行される度合が高まり、その提案内容によってもたらされる成果が高まるからだ。

一つのモデルを示そう。指示命令をするだけで、参加者から意見があっても軌道修正を行わず、提案通りに取り組みを開始したとすれば、提案内容が一〇〇だとしても、参加者の合意ができていないから十分な取り組みがなされない。合意度が六〇であれば、成果は六〇になる。一方、示唆質問により軌道修正した場合、予算が増えたり、スケジュールが後ろ倒しになったりすることで当初の提案内容は一〇〇から八〇に下がるとする。しかし参加者との合意形成はできているので結果としてパフォーマンスが上がる。合意度は一〇〇なので成果は八〇だ。

電通グループ企業の役員は、この演習に参加した後、「例えば、企業が広告を実施した場合、広告の成果がもたらされるタイミングは千差万別だが、それを織り込んでいければ成果を極大化できる。社内のチームメンバーの合意形成でもそれは同じで、一人ひとり異なる成果のタイミングを織り込んでいくことが必要だという考え方に通ずる」とコメントした。この考え方に同感だ。

提案者がやらせたいことをやらせることが目的ではなく、その提案による成果を得ることが目的なので、後者の方法をとることが賢明だ。トヨタグループ企業にしても、サントリーグループ企業にしても、電通グループ企業にしても、私の演習を実施している企業は、いずれも後者の巻き込み型リーダーシップの意義を実感している企業だと、私には思える。

スキル
60

合意形成プロセスの回し方——巻き込み型のリーダーシップ

会議が無駄だと思った場合には、どうすればよいか？

「会議に参加して無駄だと思えた」と答えるビジネスパーソンがじつに多い。内心は無駄だと思っていることを悟られないようにそつなく対応することが、社会人として成熟することだと思われている節もある。しかしそんなことではフラストレーションは溜まり、生産性も低下し、良いことなどない。

無駄だと思われる会議は、たいてい、会議の目的と手法が一致していない。合意形成のための会議であるにもかかわらず、合意形成のためのプロセスをふまずに提案内容の徹底を図ろうとする。自由に意見を言い合うための会議であるにもかかわらず、情報提供された内容の細部の確認に時間をかける……。このように会議の目的と方法が一致していないと、会議の目的が果たされず、参加者に徒労感を与えて終わるだけになる。

よく実施される会議の目的として、表のような例があげられる。それぞれの会議に用いる方法は違う。提案内容について合意形成する会議で、方針説明や意見交換やアイデア創出の

会議の目的	会議の方法
情報共有し、参考になる点を活用する	専門家による講演
決定された年度方針を周知徹底する	責任者による方針説明
データを共有し、分析する	担当者によるデータ説明
自由に意見を言い合い、考えを深める	参加者同士による意見交換
自由に意見を言い合い、アイデアを出し合う	参加者同士によるアイデア創出
提案内容について合意形成をする	参加者同士による合意形成

方法をとっても目的は果たせない。

日経ビジネス主催のリーダーシップセミナーとして、「一時間で必ず合意できる質問によるファシリテーション演習」を実施し、全国各地の企業や団体の幹部から若手メンバーまで一〇〇人近くが参加した。開始前に「一時間で必ず合意形成できるとは、そんな簡単な方法があるのであれば苦労しない。しかし、そんな夢のような方法があるというならば試しに演習しようと思ってきた」と言っていた経営者が、終了時には、「これは使える。早速使ってみる」と言って帰っていった。その人から一週間後にメールが来て、「一時間でできました。もっと早く使い始めていればよかった」というコメントをいただいた。

第４章　モチベーションファクターを活用するスキル

仕事をしていて意欲が高まらない。休暇をとっても意欲が回復しない。しかし、理由がはっきりしない。会社や仕事が自分に向いていないのではないかと思うが、何が向いていないのかがわからない。このような相談が増えている。

もし、意欲を高めるメカニズムがわかり、意欲を高める方法があれば、それを試してみたいと思わないだろうか。それも、コストをかけずに、わずかな時間で、自分一人でも実施できる方法だったら、試してみない手はない。

私は、二〇年来、能力開発プログラムを開発して実施してきたが、そのプログラムの中に、わずか一分間で、日本のビジネスパーソンの七五%がモチベーションを上げることに成功したプログラムがある。この章で、読者のみなさんに是非、その方法を試していただきたい。

意欲を高めるといっても、人にはそれぞれ意欲が高まりやすい要素がある。私は、それをモチベーションファクターと称している。自分自身のモチベーションファクターを見極めることができれば、モチベーションが下がった時には、自分で自分のモチベーションファクターに働きかけて、モチベーションを上げやすくなる。

仕事で困難なことに直面しても、自分でモチベーションを高めることができる。ストレスを解消しやすくなるとともに、困難を克服して、成果を発揮しやすくなる。

上司や同僚や部下をはじめ、相手のモチベーションファクターを見極めれば、相手の意欲を高めながら、それを梃にして円滑なコミュニケーションができるようになったり、高いチーム力に支えられたリーダーシップを発揮したりすることができるようになる。

本章では、モチベーションを上げるメカニズムをふまえて、自分のモチベーションファクターを見極めて、自分のモチベーションファクターを仕事に活かして、ストレス解消したり、成果を上げやすくしたりする具体的な二〇の手法を紹介する。ストレス因子に囲まれて、しかし、成果を上げ続けることが求められている、すべての人に役立てていただきたい。

スキル
61

モチベーションの向上――一分間でモチベーションを上げる

すぐにモチベーションを上げたい時には、どうすればよいか？

「売り上げが伸びずにモチベーションが上がらない」「自由にできずにやる気が起きない」「単純作業に意欲がわかない」「激しい部門対立で気持ちが低下した」「心配事が気になってしょうがない」「徹夜続きで疲れ果てた」……。モチベーションが上がらない状況はとても多い。

月曜の朝、残業をしなければならなくなった時、苦手な上司や顧客と対面しなければならない時、モチベーションを上げようと思っても、簡単に上がるものではない。

私は、二〇年来、モチベーションを上げる演習を実施してきた。さまざまな演習方法を実施してきたが、わずか一分間で七五％の人がモチベーションを上げることができる、とても簡単な方法がある。

一分間で、七五％の人がモチベーションを上げることができる方法とは、二人一組になって、次の三つのアクションをするだけである。

気持ちの高まり具合	事前	事後
10		
9		
8		
7		
6		
5		
4		
3		
2		
1		

①自分の気持ちの高まり度合を10（高い）から1（低い）で見極め、表の事前欄にチェックを入れる
②「これまでの人生で最もすばらしく感動的だった出来事」を一分間話す
③話した後の自分の気持ちの高まり度合を、今度は事後欄にチェックを入れて、事前と事後の変化度合を確認する

たったこれだけで、七五％の人が1レベル以上、気持ちの高まり度合を上げるのだ。

これまでさまざまな方法を試してきたが、この方法が、一分間で最も多くの人のモチベーションレベルを上げる方法だ。

スキル 62

モチベーションの向上――モチベーションを上げるコアスキル

モチベーションを上げるコアスキルは何か？

一分間、「これまでの人生で最もすばらしく感動的だった出来事」を話し、事前と事後でモチベーションレベルの変化を確認する。こんな簡単な方法が、いったいなぜ、七五％の人のモチベーションレベルを上げるのだろうか。

それを知るためには、この演習のどのような原理が、モチベーションを上げることに作用しているのかを考えてみるとよい。

スキル61で紹介した方法がモチベーションを高める原理は、次のとおりだ。

・「これまでの人生で最もすばらしく感動的だった出来事」というように、これ以上ないポジティブなことを話すから

・高いモチベーションの時の心持ちを思い起こして、感化されるから

・思い出すだけでなく、相手に話すという行動をするから

・単に話すだけでなく、相手によっては深く共感してもらえるから

・日常生活ではあまり行わない、新鮮なアクションをするから
・事前に下書きしたり、準備したりしないで、いきなり話し出し、話しながら考えてエネルギーを発揮するから

考えてみれば簡単なことで、ポジティブなことはモチベーションを上げる、考えるだけでなく行動することでモチベーションがさらに上がる。これらがモチベーションを上げるためのコアスキルなのだ。

スキル
63

モチベーションの向上――モチベーション向上を加速させる

モチベーションをより上げやすくするためには、どうすればよいか？

スキル61の方法を早速実際に試してみた人もいるに違いない。なかには、相手を見つけて、相手に対して話すかわりに、頭の中で思い描いた前後や、ノートに記入した前後で、気持ちの高まり度合の変化を確認した人もいるだろう。

自分の頭の中だけで思い描いたり、ノートに記入しただけの人の中には、気持ちの高まり度合が上がることを実感できなかったり、七五％も上がることに半信半疑だったりする人もいるかもしれない。

じつはこの方法、やり方によって、モチベーションの上がり度合に差が出る。

「これまでの人生で最もすばらしく感動的だった出来事」を一人で頭の中で思い起こすより、ノートに書いたほうが、モチベーション向上度合が高い。

ノートに書くよりも相手を見つけて相手に話したほうが、モチベーションが上がりやすい。

相手に話すだけでなく、相手からも「これまでの人生で最もすばらしく感動的だった出来事」を聞いたほうが、モチベーションレベルの上がり度合は高い。

そして、下書きしたり準備したりするよりも、時間をおかず、話しながら考えて伝えるほうが、モチベーションが上がりやすい。

これはつまり、頭の中で考えるより行動したほうが、一人で行動するより相手と行動するほうが、そして試行錯誤しながら行動するほうが、モチベーションを上げやすいということを示している。

スキル
64

モチベーションの維持——モチベーション向上を日常化する

演習ではない方法で、日常的にモチベーションを上げるためには、どうすればよいか?

スキル61のモチベーションを上げる方法は、演習だからできる非日常的な方法だ。職場で、いきなり同僚に「これまでの人生で最もすばらしく感動的だった出来事」を聞いてくださ い、聞かせてくださいと話しかけることは難しいだろう。

同じような原理を使って、演習のようにあらたまった方法ではなく、自然な形で、職場で日常的にモチベーションレベルを上げることができれば、モチベーション向上の効果はさらに高まる。

要は、職場において、ポジティブなことを相手に話すということを習慣として行えばよい。しかし、漠然とポジティブなことを話そうと心掛けても、行動することは難しい。そしてビジネスの場面では、ついネガティブな言葉を使いがちで、ネガティブな言葉であふれている。

そこで、例えば表のように、職場でつい使ってしまうネガティブな言葉を、意味を変えないでポジティブに言い換えるという方法を実施するのだ。この方法は、ポジティブなことを話し、共有することを日常化するので、チームのモチベーションを上げるためにとても効果がある。

通常、二分間でポジティブ表現に言い換える演習を、グループで相談しながら実施する。二分間で何問言い換えができるかは、企業によって大きく異なる。回答数が多いか少ないかは、ふだんからポジティブ表現を使い慣れているかどうかを示すバロメータであるし、柔軟思考ができるかどうかを表す指標でもある。

ネガティブ表現	ポジティブ表現
朝令暮改	臨機応変
意志が弱い	柔軟性に富む
計画性がない	瞬発力がある
暗い	おとなしい
怒りっぽい	感情豊か
話が長い	話が丁寧
せっかちだ	迅速だ
動作が遅い	落ち着いている

スキル 65

モチベーションの維持
——モチベーション向上の阻害要因を排除する

モチベーション向上を妨げる要因は、何か？

日頃からネガティブな表現を使わないようにして、ポジティブな表現をするよう心がけていくと、自分のモチベーションも上がるし、コミュニケーション相手のモチベーションも上がる。自分や相手のモチベーションが上がれば、仕事ははかどり、成果が出やすい。

しかし、ビジネスの場面には、いくらポジティブな表現を使ってモチベーションを上げようと思っても、それを阻害してモチベーションを低下させてしまう要素が無数といっていいほどある。

無理だという諦念、やれという命令、やるなという制止、相手との対立、安全を脅かす危険、公私調和を妨げる要素などが、阻害要因になる。これらを可能な範囲で回避していけば、モチベーションの低下を相当程度防止できることになる。

モチベーション向上の阻害要因を排除したり、排除できなかったとしても影響を最小限にとどめたりするためには、自分にとっていったい何が、モチベーション向上の邪魔になるかを知っておくことがとても大事だ。

そのためには、自分が不快に感じること、不快とまではいかないがストレスに感じること、ストレスというほどではないが違和感を覚えることを書き留めておくことだ。一週間程度書き留めておくと、一定のパターンのことに違和感を覚えやすいということがわかってくる。

ある人にとっては、「あれをするな」「これをするな」と行動を制止されると、モチベーションが低下しやすい、ある人にとっては、相手と対立することがモチベーションを下げやすい。自分のモチベーション向上の阻害要因を知ってそれを回避していけば、モチベーションの低下を相当程度防止できることになる。

スキル
66

モチベーションの維持――不祥事の発生を未然に防止する

不祥事が起こりやすい会社と起こりにくい会社は、何が違うのか？

企業やチームによって、不祥事が起こりやすかったり、再発しやすい組織もあれば、不祥事が起こりにくかったり、起こっても再発しにくい組織もある。

不祥事が起こりやすい組織と、不祥事が起こりにくい組織はどこが違うのだろうか。ガバナンスが効いているかどうか、業務のＰＤＣＡができているかどうか、管理体制がしっかり機能しているかどうか、管理職が有能かどうか、などの点なのではないかと考える人が多いのではないだろうか。

しかし、不祥事が起こりやすい組織と起こりにくい組織とでは、これら以上に、顕著な差異がある。じつはその要素は、誰でも知っている、身に付けようと思えば身に付けることができる要素なのだ。

その要素こそが、この章のテーマである社員のモチベーションだ。社員のモチベーションを高く維持することに成功している会社は、不祥事が起こりにくかったり、起こっても再発しにくかったりする。逆に、社員のモチベーションを高く維持できていない会社は、不祥事が起こりやすく再発しやすい。

考えてみれば、これは当たり前のことだ。身の回りに問題が生じた場合、それを解決しようというモチベーションがあって、解決行動に移すことができれば解決しやすいだろう。解決しようというモチベーションがなかったら、放置されているうちに、問題はあっという間に大きくなってしまう。

自分のチームの問題か他チームの問題かはっきりしなかったとしても、解決行動をとろうというモチベーションがあれば、火種が小さいうちに収束できるが、モチベーションが低く、自分の問題ではないからと放置しておくと、あっという間に大きな問題となってしまい、いざ解決しようと思っても後の祭りということになりかねない。

スキル
67

モチベーションファクターの見極め
——モチベーションが高まる要素を見極める

人それぞれが持つモチベーションが高まりやすい要素は、何か？

ポジティブなことを考えたり表現したりすれば、モチベーションが上がる。ネガティブ表現を用いないでポジティブ表現でコミュニケーションをしていけば、日常的に、チームのモチベーションも高く維持できる。モチベーションを向上させ、高く維持できれば、成果が上がりやすくなり、生産性が上がる。

しかし、人にはそれぞれモチベーションが高まりやすい要素がある。私はこれをモチベーションファクターと称している。自分のモチベーションファクターがわかっていないと、いくら努力してもモチベーションが上がりにくい。

また、他の人のモチベーションファクターがわかっていないと、他の人のモチベーションを上げづらいということになってしまう。

私はモチベーションファクターを、二つの志向、六つの要素に分類している。このように分類すると、日本のビジネスパーソンの平均が、牽引志向と調和志向は、五一％対四九％と

2分類	6分類	特徴
牽引志向	目標達成	目標達成や挑戦することでモチベーションが上がる
	自律裁量	任されて自分の裁量で仕事をすると意欲が向上する
	地位権限	責任ある仕事をしたり昇格することで気持ちが高まる
調和志向	他者協調	周囲の人と協力することでモチベーションが上がる
	安定保障	リスクを回避し長期安定することで意欲が向上する
	公私調和	公私などのバランスがとれた状態で気持ちが高まる

ほぼ均等に分かれ、六つの要素も、安定保障がやや低いがほぼ均等に分かれる。

ビジネスパーソン一人ひとりに目を向けると、これら六つの要素のうち、どれか一つの要素が抜きんでて高い人もいれば、二つ以上のモチベーションファクターが高い人もいる。六つのモチベーションファクターのうち、最も高いのが目標達成、二番目に高いのが他者協調、一方、安定保障は低いというように、どこが最も高いか、二番目はどこか、低いのはどこかというように見極める。

スキル
68

モチベーションファクターの見極め
――自分のモチベーションファクターを見極める

自分のモチベーションが高まりやすい要素を見極めるためには、どうすればよいか？

自分のモチベーションファクターは、胸に手をあてて、自分の内なる声に耳を澄まして、どういうことをやっている時に意欲が一番高まるかを感じ取ることで、見極めることができる。一方で、ある程度、客観的に見極めるためには、次の方法がある。

それは表の二四のキーワードの中で、どれが重要かを選んで、最も多いものから順に、そのモチベーションファクターが高いと見なすというものだ。これは簡単でかつ有効な方法だ。

二四のキーワードの中から自分にとって大事だと思うものを八個選び、その八個の中で一番大事なものは八点、二番目には七点というように順に点数を付け、二分類、六分類で集計して数値化する方法は、さらに精緻化できる方法だ。

２分類	６分類	キーワード
牽引志向	目標達成	達成　挑戦　成長　リスクテイク
	自律裁量	自律　信念　芸術　創造性
	地位権限	進歩　認知　権威　経済的成功
調和志向	他者協調	協力　交流　帰属　社会的関係
	安定保障	一貫　安全　安定　労働環境
	公私調和	調和　家族　快適　多様性

スキル 69

モチベーションファクターの見極め
——モチベーションファクターの意味を理解する

どのモチベーションファクターを持っていることが、望ましいのか?

モチベーションファクターの六分類のキーワードだけから想像すると、会社の業績に貢献するのは、「目標達成」のモチベーションファクターの人だと思うかもしれない。一方で「公私調和」の人は、プライベートのことが気になる人なので、成果を上げづらい人だと考える人もいる。

しかし、これらの考え方は間違いだ。モチベーションファクターは、「良い・悪い」「会社に貢献する・しない」ということを示すものではない。

例えば、「目標達成」にモチベーションをかき立てられて短期的に業績を上げる人もいれば、「安定保障」に意欲が高まり安定して長期的に業績を上げる人もいる。任されて、自分の裁量を持つことで能力を発揮する「自律裁量」のモチベーションファクターの人もいれば、他のメンバーと協力してチームとして能力を発揮する「他者協調」の人もいる。

いずれのモチベーションファクターが契機となったとしても業績を上げるという結果につ

ながるのだ。

したがって、どのモチベーションファクターの持ち主だからといって、良いとか悪いということを示すものではない。モチベーションファクターとは、人それぞれが持つモチベーションが高まりやすい要素であり、この特徴を自覚することで、モチベーションが上がりやすくなり、成果を上げやすくするものだ。それがモチベーションファクターの効能である。

スキル
70

モチベーションファクターの見極め
――モチベーションファクターの特性を理解する

モチベーションファクターは、自分ができていることから見極めるべきか？

スキル68のように自分のモチベーションファクターを見極める時、実現できている要素を選んでいる人もいれば、実現できていない要素を選んでいる人もいる。

例えば、「目標達成」について、実現できていてさらに意欲を高める要素だと思うので、そのキーワードを選ぶ人もいれば、「目標達成」が実現できておらず意欲が低下しているので、そのキーワードを選ぶ場合もある。

「公私調和」が実現できていてさらにその意欲を高めたいという理由で選んだ人もいれば、「公私調和」が実現できていないので、その必要性の意欲が強い人もいる。

このように選び方が一人ひとりバラバラだと、自分のモチベーションファクターを見極める際に、キーワードの選び方を細かく定義したほうがよいのではないかと思うかもしれないが、じつは、その必要はない。

モチベーションファクターは本人の意欲を高める要素であるかどうかが問題で、実現できているかどうかには左右されない。実現できていてさらに意欲が高い場合でも、実現できておらず意欲が高い場合でも、そのモチベーションファクターをその人が持っていることに変わりないからだ。

実現できていることは何かではなく、自分にとって何が大事かという観点でモチベーションファクターのキーワードを選ぶのは、そのためだ。

製薬会社の研究職の人たちとモチベーションファクターを見極める演習をした際、「うちは内省的な人間が多いのですが、スキル向上が可能でしょうか」という質問を受けたことがある。しかしじつは、モチベーションファクターを見極めるスキルは、内省的な人のほうが発揮しやすい。内省的な人は、人付き合いが苦手だったりするものだが、ひとたび、自分のモチベーションファクターを見極めて、かつ相手のモチベーションファクターを見極めるようになっていくと、急激に相手を巻き込みやすくなり、コミュニケーションに長けるようになる。

スキル
71

モチベーションファクターのマッチング
――モチベーションファクターとタスクとのマッチング

一生懸命努力しているにもかかわらず、成果が上がらないのは、なぜか？

モチベーションファクターは良し悪しではないが、モチベーションファクターごとに成果を上げやすい仕事、上げにくい仕事がある。自分のモチベーションファクターがわかっていて、仕事を選ぶことができる場合には、仕事の成果を上げやすくなる。

また、チームメンバー各々のモチベーションファクターがわかっていれば、一人ひとりのモチベーションファクターとさまざまな業務のマッチングをしていけば、チームとしての成果が最も上がりやすくなる。

個人として一生懸命努力しているにもかかわらず、成果が上がらない、チームメンバー全員ががんばっているのにチームとしての成果が上がらないというケースには、じつは自分のモチベーションファクターでは成果を上げにくい仕事を振られたり、相手に振ってしまったりしていることが多い。

モチベーションファクター別に成果を上げやすい仕事の例をあげると、表のようになる。

2分類	6分類	成果を上げやすい仕事
牽引志向	目標達成	短期で成果を上げることを期待されている新規業務
	自律裁量	独自の発想やアイデアを元に独自性を発揮する業務
	地位権限	目に見える成果や対価が得られる業務
調和志向	他者協調	部門横断的なプロジェクト等チームで実施する業務
	安定保障	リスクを回避し長期的に安定して実行していく業務
	公私調和	バランスをとり全体調和を図りながら推進する業務

意欲が高まりやすい要素を持った業務を行えば、業務を行いながら意欲を高めることができるという良い循環を回すことができる。

一方、モチベーションファクターに照らして、成果を上げにくい仕事を担っている場合、それを自覚することが重要だ。どこが不得手で、やりにくいかという見当をつけやすく、克服する手立てをとりやすい。

スキル 72

モチベーションファクターのマッチング

――組織と自分のモチベーションファクターのマッチング

ストレスを感じやすいのは、どのような仕事か？

自分のモチベーションファクターを意識すると、組織のモチベーションファクターとの乖《かい》離《り》に気づき始める。組織のモチベーションファクターとは、自分が所属している会社や部門のモチベーションファクターのことで、その組織の所属員のモチベーションファクターの総和だ。

例えば、会社は公私調和のモチベーションファクターで取り組んでいる時に、自分は目標達成のモチベーションファクターで取り組んでいるとしたら、一人だけ合致していないことになる。ストレスを感じやすいのは、この状況だ。

逆に、組織のモチベーションファクターと自分のモチベーションファクターが一致している時には、仕事がやりやすいし、ストレスも感じにくい。

組織と個人のモチベーションファクターの合致度合による、成果の上がりやすさ、上がりにくさを知っておくことは重要だ。

個人＼組織		牽引志向			調和志向		
		目標達成	自律裁量	地位権限	他者協調	安定保障	公私調和
牽引志向	目標達成	◎	○	○	△	△	×
	自律裁量	○	◎	○	×	△	△
	地位権限	○	○	◎	△	×	△
調和志向	他者協調	△	×	△	◎	○	○
	安定保障	△	△	×	○	◎	○
	公私調和	×	△	△	○	○	◎

組織と個人のモチベーションファクターのマッチング

組織と個人のモチベーションファクターの組み合わせ別に、成果の上がりやすさを、その順に◎、○、△、×で示すと、表の通りだ。ストレスは×、△、○、◎の順に感じやすい。

同じ牽引志向、調和志向のモチベーションファクター同士は、成果を生み出しやすいし、ストレスを感じにくい。人事異動をする際の一つの目安になる。

このように、モチベーションファクターを見極めることは、ストレス解消にも役立つ。このスキルが、ストレス解消プログラムとしても活用されているのは、このためだ。

スキル
73

モチベーションファクターのマッチング

——業種別のモチベーションファクターを見極める

業種によって、モチベーションファクターはどう違うか？

組織のモチベーションファクターは、業種、職務、職種によって異なる。日本のビジネスパーソンの場合は、職務、職種による差異よりも、業種による差異が大きい。

自分と同じモチベーションファクターの人同士は、意欲を高める要素が同じ者同士なのでわかり合える度合が高く、コミュニケーションがしやすい。一方、自分と異なるモチベーションファクターの人同士、特に牽引志向と調和志向で異なる人同士は、コミュニケーションをとりにくい。

それを承知で、自分と異なるモチベーションファクターの組織に入っていくのならばよいが、モチベーションファクターの違いを意識しないで組織に入ると長続きしなかったり、成功しづらかったりす

（%）

	調和志向		
	他者協調	安定保障	公私調和
	13.4	4.8	17.6
	16.1	4.1	20.5
	22.2	7.4	15.6
	23.1	7.2	16.3
	25.7	8.6	15.5
	21.6	10.6	18.0
	23.9	12.9	20.1
	12.0	17.0	29.3
	27.3	10.7	22.4
	26.4	8.0	27.3

者1,114人のデータ

業種	牽引志向	調和志向	牽引志向		
			目標達成	自律裁量	地位権限
IT	64.1	35.9	25.3	16.7	22.1
コンサル	59.3	40.7	23.7	20.0	15.6
自動車	54.8	45.2	19.5	19.2	16.2
飲料	53.3	46.7	19.6	15.8	17.9
教員	50.2	49.8	20.5	20.1	9.6
大学生	49.7	50.3	19.4	14.7	15.6
医薬品	43.1	56.9	17.0	14.2	11.9
保険	41.7	58.3	14.1	7.7	19.9
公務員	39.7	60.3	16.8	15.7	7.1
金融	38.4	61.6	15.0	10.2	13.2

業種ごとのモチベーションファクターの割合
※モチベーションファクターを梃にした分解スキル反復演習型能力開発プログラム参加

る。

業種ごとのモチベーションファクターの傾向を理解しておくと、初対面の人のモチベーションファクターの見当をつけやすくなる。

また、入社したり転職したりする際に、自分のモチベーションファクターとその会社のモチベーションファクターのマッチング度合を自覚しておくことは役に立つ。入社した会社が合わないとすぐに感じるケースには、モチベーションファクターが不一致である場合が多い。

スキル
74

モチベーションファクターのマッチング
――日本人と中国人のモチベーションファクターの違い

日本と中国で、モチベーションファクターは、どのように異なるか？

長年一緒に仕事をしてきた、いわば気心が知れた人同士は、阿吽《あうん》の呼吸でコミュニケーションができ、軋轢《あつれき》が生じることは少ないものだ。しかし世代が離れたり、部門が違ったり、あるいはグループ会社に出向したら、途端にコミュニケーションが難しくなることがある。

まして、これまで接点がなかった企業と合併して一緒に仕事をすることになったり、海外進出して外国のビジネスパーソンと取引をするようになったりすると、コミュニケーションの難易度は上がる。経験や価値観が異なるからだ。

経験や価値観の差異を捉えようとすると、それらは千差万別なので、一〇〇人いれば一〇〇通りの対応が必要になり、気が遠くなる話だ。しかしその差異をパターン化して捉えることができれば、経験や価値観の異なる人に対しても、格段にコミュニケーションがしやすくなる。これにもモチベーションファクターを活用できる。

一例として、中国のビジネスパーソンのモチベーションファクターの分布をあげよう。日

(%)

国	牽引志向	調和志向	牽引志向			調和志向		
			目標達成	自律裁量	地位権限	他者協調	安定保障	公私調和
中国	60.0	40.0	25.1	15.2	19.7	14.8	5.8	19.4
日本	51.4	48.6	20.2	16.8	14.4	21.4	9.0	18.2

日本人と中国人のモチベーションファクターの割合
※モチベーションファクターを梃にした分解スキル反復演習型能力開発プログラム参加者 日本1,114人、中国104人（金融、IT 、コンサルティング業界）のデータ

本のビジネスパーソンに比べると、中国のビジネスパーソンは、牽引志向が高い。特に、目標達成、地位権限が高く、他者協調、安定保障は低い。公私調和は日本のビジネスパーソンよりも若干だが高い。

こうした差異を認識していれば、中国のビジネスパーソンとのコミュニケーションの方法がみえてくる。目標達成型の中国のビジネスパーソンに商品やサービスの安定性を訴求しても伝わりにくい。地位権限型の相手に、滅私奉公的な他者協調の観点からアプローチしても相手を動かすことは難しい。

演習に参加した電通グループ企業の役員は、「派遣されていた東南アジアの現地社員は、キャリア志向が非常に強く、短期でジョブホッピングしていくので、短期の成果創出につながるリーダーシップを発揮していた」と言う。まさに背景や状況が大きく異なるメンバーに対して、地位権限型、目標達成型のモチベーションファクターのメンバーに向けた適切なリーダーシップを発揮した例だ。

スキル 75

相手のモチベーションファクターの見極め

――組み合わせ質問と繰り返し質問

相手のモチベーションファクターを見極めやすい質問は、どのような質問か？

スキル68で紹介したように、自分のモチベーションファクターを、キーワードで見極める方法は有効だ。自分のモチベーションファクターは見極めやすいものだが、相手のモチベーションファクターはどうやって見極めたらよいのだろうか。

相手に「キーワードを選んでくれますか？」といきなり依頼したり、「あなたのモチベーションファクターは何ですか？」と聞いたりしても嫌がられるだけだろう。そのようなことをしなくても、できるだけ簡単に自然な形で見極める方法はないだろうか。

じつは、日常会話の中に、相手のモチベーションファクターは表れている。それを把握すれば、相手のモチベーションファクターを見極めることができる。

日常会話の中から、相手のモチベーションファクターを見極めるとても簡単で、かつ確度が高い方法は、会話の中で、以下の組み合わせ質問か繰り返し質問を繰り出すことだ。例えば、「最近の仕事の進み具合で、うまくいったことは何ですか？」「うまくいかなかったこと

	1回目	2回目
組み合わせ質問	うまくいったことは何ですか	うまくいかなかったことは何ですか
	手応えのあったことは何ですか	手応えを感じなかったことは何ですか
	楽しかったことは何ですか	いまひとつだったことは何ですか
繰り返し質問	うまくいったことは何ですか	他にもうまくいったことがありますか
	手応えのあったことは何ですか	さらにあげていただけますか
	楽しかったことは何ですか	もうひとつあげていただくと何ですか

は何ですか？」という組み合わせでもよいし、「先週末は何をしていたのですか？　楽しかったことは何ですか？」と聞いて、相手が答えたら「さらに挙げていただけますか？」という繰り返し質問をしてもよい。

スキル68で紹介したモチベーションファクター別のキーワードを思い浮かべながら、相手の答えとキーワードをマッチングさせていくのだ。答えた内容は、うまくいった内容も、うまくいかなかった内容も、いずれも気にかけている内容なので、モチベーションファクターに関係していると見当づけることができる。

スキル
76

相手のモチベーションファクターの見極め
――言動例からモチベーションファクターを見極める

できるだけ簡単に、相手のモチベーションファクターを見極めるには、どうすればよいか？

相手の返答と、モチベーションファクターのキーワードをマッチングさせていくには、モチベーションファクターのキーワードをだいたい頭に入れておく必要があるが、もっと簡単に見極める方法はないだろうか。

このモチベーションファクターの場合、こうした言動をする、というようなひとつの典型的な言動例があれば、イメージを湧かせやすい。

表は、モチベーションファクター別の言動例だ。ひとつのモデルとして、頭に入れておいて、このモデルに近いかどうかで、相手のモチベーションファクターを見極める方法は、より簡単な方法だ。

２分類	６分類	言動例
牽引志向	目標達成	発想が豊かで新しいチャレンジを好む
	自律裁量	頼りにされると嫌とは言えない
	地位権限	認められたり称賛されたりする意欲が強い
調和志向	他者協調	思いやりがありチーム運営を大事にする
	安定保障	一貫性のある仕事や生活をしている
	公私調和	家庭を大事にし、ワークライフバランスを重視

スキル 77

相手のモチベーションファクターの見極め

――モチベーションファクターのマッピングをする

ビジネスパーソンのタイプ分けツールが使えないのは、どうしてか？

モチベーションファクターごとに、ひとつの言動例をイメージしておいて、相手のモチベーションファクターを見極める方法がお勧めだが、より精密に分析するべきだと考える人もいるだろう。

世の中には、半日がかりで一〇〇の質問に答えて、相当の費用をかけて一週間かけて分析して、ビジネスパーソンのタイプ分けを行うツールもある。こうしたツールを使うと、分析することに時間と労力とコストをかけて、疲れてしまったり、満足してしまったりして、その後の行動につながらない。

モチベーションファクターの見極めには、時間をかけないで、だいたい牽引志向だろう、調和志向だろう、目標達成か自律裁量だろう、安定保障か公私調和だろうという見当をつけて、後は、実際のコミュニケーションの中で見極めの精度を高めることがお勧めだ。

三分くらいで、自分の周りにいる人の日頃の言動を思い浮かべて、それぞれのモチベーシ

２分類	６分類	顧客	上司	同僚	部下	友人	家族
牽引志向	目標達成						
	自律裁量						
	地位権限						
調和志向	他者協調						
	安定保障						
	公私調和						

周囲にいる人のモチベーションファクターのマッピング

ョンファクターを見極めて、上の表に名前を記入してマッピングをしてみると、自分の周りにいる人のモチベーションファクターの分布がよくわかる。

相性がいいと思っている人は、モチベーションファクターが近い人であることも多い。上司、同僚、部下に、自分と同じモチベーションファクターの人が多い場合は、居心地のよい職場と言える。逆に、自分と同じ人が少ない場合は、浮いていると感じているかもしれない。

スキル
78

モチベーションファクターをふまえた課題解決
――相手のモチベーションファクターをふまえた指示

上司が部下をマネジメントできない理由の根源は、何か？

世の中で起きている軋轢は、相手のモチベーションファクターを無視したり、自分と同じだと思い込んだり、自分に合わせるべきだと勘違いしていることから生まれているケースがとても多い。以下のような例が日常茶飯事だ。

・目標達成型の部下に、公私調和型の上司が「一八時に一斉消灯だから、仕事が途中でも帰れ」と指示する
・自律裁量型の部下に、安定保障型の上司が「あれをやったか、これをやったか、事前に確認させろ」とマイクロマネジメントする
・他者協調型の部下に、目標達成型の上司が「隣の部と喧嘩してでも、当部の主張を押し通してこい」と命令する
・安定保障型の部下に、地位権限型の上司が「昇格できるから徹夜してがんばろう」と激励する

相手のモチベーションを上げて、成果を上げやすくするためには、自分のモチベーションファクターがどうであれ、相手のモチベーションファクターに合わせた指示の仕方をしていけばよい。以下のような例を実現していくのだ。

・目標達成型の部下には、「一八時に一斉消灯で今日は終了だが、短時間で効率よく仕事をすることにチャレンジしてくれ」と激励する

・自律裁量型の部下には、「任せたぞ。思った通りにやってみてくれ。でも困ったことがあったらいつでも言ってきてくれ」と試行錯誤の機会を与える

・他者協調型の部下には、「部門を横断する共同プロジェクト」を担ってもらう

・安定保障型の部下には、「可能な範囲で、休みの計画も立てながら、一緒にこの目標を達成しよう」と激励する

大事なポイントは、自分のモチベーションファクターではなく、相手のモチベーションファクターをふまえた指示の仕方をすることだ。

スキル
79

モチベーションファクターをふまえた課題解決

——モチベーションファクターをふまえた課題解決

部下への助言の効き目がないのは、どうしてか？

日々の仕事で直面する課題も、モチベーションファクターをふまえて捉えると、解決しやすくなる。以下の例は、それぞれのモチベーションファクターの人が持ちやすい課題だ。

自律裁量型の人が「プロセスが煩雑で、裁量余地が小さい」と悩んでいる時に、「会社で決めたプロセスだから従え」と命じても、解決しないどころか軋轢が生じる。こうした場合、その人の持っているモチベーションファクターの琴線にふれる助言をすれば、効き目がある。例えば、自律裁量型の人であれば、裁量余地がない中でも、改善提案をしてみることを勧めるなど、自分で取り組めることを促す。他者協調型の人であれば、他部の取り組みがわからず困っていれば、他部のヒアリングをするという他者協

	助言
	新しい市場を開発してみてはどうか
	プロセス改善を提案してみてはどうか
	プロジェクトをつくってみてはどうか
	他部の取り組みをヒアリングしてきてはどうか
	長期的に安定化するよう計画してはどうか
	公私バランスのとれた計画を立ててはどうか

２分類	６分類	課題	
牽引志向	目標達成	市場が低調で、成果を体感できない	
	自律裁量	プロセスが煩雑で、裁量余地が小さい	
	地位権限	権限がなく、やれる事が限られている	
調和志向	他者協調	他部の取り組みがわからず、協力しづらい	
	安定保障	体調が悪く成果が上げられず、不安だ	
	公私調和	業務多忙で、自分の時間が持てない	

調の取り組みを促すのだ。

自分のモチベーションファクターを発揮できる行動はしやすいので、それに沿った助言をすれば、行動させやすくなり、課題解決が格段にしやすくなる。

「部下の気持ちを汲み取れ」と言われるだけでは、何をどうやったら汲み取れるのか見当がつかないものだ。しかし、相手のモチベーションファクターを見極め、それに合わせたコミュニケーションの仕方をすれば、まさに部下の気持ちを汲み取れるようになる。

モチベーションファクターの見極めをひときわ熱心に実践しているコンサルタントに、その理由を聞いたら、「上司の言う通りやれと命令されて辟易しており、自分は決してそのようなリーダーになるまいと思っていた。自分の目指すメンバーを巻き込むリーダーシップを実現できている実感があり嬉しい」と言っていた。

	助言
	他の人と協力して、新しい市場を開発してみてはどうか
	安定させる観点で、プロセス改善計画を提案してみてはどうか
	業務のバランスをとり、プロジェクトをつくってみてはどうか
	各部の目標を中心に、他部の取り組みをヒアリングしてきてはどうか
	まずは自分なりに、長期的に安定化するよう計画してはどうか
	責任あるコア業務中心に、公私バランスのとれた計画を立ててはどうか

スキル
80

モチベーションファクターをふまえた課題解決
――モチベーションファクターによる課題解決確度を上げる

相手のモチベーションファクターをひとつに絞り切れない場合は、どうするか？

相手のモチベーションファクターを見極める際、一つに絞れなかったとしても、だいたいこのあたりだなという見当をつけてアクションすることをお勧めしているが、その場合、そのうち一つのモチベーションファクターに絞って、それに沿った助言をする方法もあるし、二つのモチベーションファクターを組み合わせて助言をする方法もある。

一つのモチベーションファクターが突出して高い人もいれば、二つあるいは三つのモチベーションファクターが同じように高い人もいるので、こ

1番目	2番目	課題	
目標達成	他者協調	市場が低調で、成果を体感できない	
自律裁量	安定保障	プロセスが煩雑で、裁量余地が小さい	
地位権限	公私調和	権限がなく、やれる事が限られている	
他者協調	目標達成	他部の取り組みがわからず、協力しづらい	
安定保障	自律裁量	体調が悪く成果が上げられず、不安だ	
公私調和	地位権限	業務多忙で、自分の時間が持てない	

の方法は、後者の人にも効き目がある。

二つのモチベーションファクターを組み合わせて助言する方法は、二番目のモチベーションファクターをふまえて、一番目のモチベーションファクターを発揮するという文脈で、助言する方法だ。

例えば、一番目のモチベーションファクターが目標達成で、二番目が他者協調の人であれば、「他者協調して目標達成する取り組みをしてはどうか」という助言になる。そうすることで、上位二つのモチベーションファクターを満たす助言ができる。

第5章　モチベーションファクターを梃にしたビジネス推進スキル

自分のモチベーションファクターを見極めることができるようになると、相手のモチベーションファクターを見極めやすくなる。自分や相手のモチベーションファクターを見極めることができるようになると、お互いのストレスを解消したり、個人やチームとして成果を発揮したりしやすくなる。

モチベーションファクターは、上司から部下に対するリーダーシップだけではなく、部下が上司のモチベーションファクターを見極めて円満な関係を築くことにも役立つし、チームメンバー一人ひとりのモチベーションファクターを見極めたうえで、メンバーのバランスやモチベーションファクターとタスクのマッチングの精度を高めることにも活用できる。

そして、社内のリーダーシップだけでなく、顧客のハンドリングにも大いに役立つ。顧客の購買モチベーションファクターを見極めれば、営業の成約率が上がる。従来の属性別の顧客カテゴリではなく、顧客が商品やサービスの購入や契約をする際のモチベーションが上がる要素に働きかけるからだ。

本書では、第1章で表現力、第2章で構成力、第3章で合意形成力のビジネススキルの実践方法を紹介してきた。第4章で紹介したモチベーションファクターは、これらのビジネススキルを発揮するための基本となり、これらのスキルと組み合わせるとさらに効果が高まる、コアスキルだ。

第５章では、モチベーションファクターによる上司やチームや顧客をハンドリングする方法を取り上げる。そして、表現力とモチベーションファクターを組み合わせる、構成力とモチベーションファクターを組み合わせる、合意形成力とモチベーションファクターを組み合わせる手法を紹介していく。さらにダイナミックにビジネススキルを発揮して、リーダーシップ実践に役立てていただきたい。

スキル 81

モチベーションファクターによる上司のハンドリング

——上司のモチベーションファクターを見極める

無理難題な指示を受けた時は、どうするか？

仕事をしていて、無理難題と思えるような指示や叱責を、上司から受けることも時にはある。「一五〇％の目標にチャレンジしてくれ」「人に頼らないで自分でやってみろ」「（過大と思えるような）責任を全うしろ」「（対立している部と）協力できないでどうする」「間違いだらけだぞ」「他のプランとのバランスを考えろ」……。

抵抗感を覚え、モチベーションが一気に下がり、反発したり、無視したりしたくなる。「気持ちを切り替えよう」と言ってくれる人もいるが、具体的にどのように切り替えればよいのか、ピンとこない。

こうした時にもモチベーションファクターが使える。上司の指示や叱責から上司のモチベーションファクターを見極めることが第一段階だ。無理難題と思えるような指示や叱責から、それをした人のモチベーションファクターが見極めやすい。

六つのモチベーションファクターのどれかということを見極めるのだが、牽引志向か調和

無理難題と思えるような指示や叱責	2分類	6分類
150%の目標にチャレンジしてくれ	牽引志向	目標達成
人に頼らないで自分でやってみろ		自律裁量
（過大と思えるような）責任を全うしろ		地位権限
（対立している部と）協力できないでどうする	調和志向	他者協調
間違いだらけだぞ		安定保障
他のプランとのバランスを考えろ		公私調和

志向のどちらかで見極めるほうがやりやすければ、それでもよい。

一五〇%のあり得ない高い目標を押し付けてくるのは、目標達成のモチベーションファクターだからだ、人に頼らないで自分でやれと言っているのは、自律裁量型だからだと、思い至る。

上司は、わけもわからず無理難題を言っているわけでもなく、部下の自分に嫌がらせをしているわけでもなく、自分のモチベーションファクターに従って、自分ではよかれと思って言っていることがある。そう考えると抵抗感が少しは和らぐのではないだろうか。

自分のモチベーションファクターが他者協調の場合の切り替え例	切り替えの効果
他の人と協力して、チャレンジしてみよう	△
まずは自分で取り組んで、後で他の人に確認してもらおう	×
他の人と連携しながら、責任を果たそう	△
対立している部との関係改善を図り、協力体制を築こう	◎
他の人に協力してもらって、間違いを正そう	○
他の人の意見も聞いて、バランスをとっていこう	○

スキル

82

モチベーションファクターによる上司のハンドリング

——上司と自分のモチベーションファクターをつなげる

無理難題な指示を受けた時に、どのように気持ちを切り替えるか?

無理難題と思えるような指示や叱責を受けた時、そのフレーズから上司のモチベーションファクターを見極めると、上司がそう言っているのは自分のモチベーションファクターに従っているだけだという背景がわかってくる。このように客観視ができるだけで抵抗感が和らぐものだが、それだけでは自分にとっては無理難題であることには変わりない。自分の気持ちを切り替えるための第二段階として、上司のモチベーションファクターと自分のモチベーションファクターをつなげるという方法がある。

スキル81の表であげた無理難題な指示や叱責例

無理難題と思えるような指示や叱責	上司のモチベーションファクター	
150%の目標にチャレンジしてくれ	目標達成	
人に頼らないで自分でやってみろ	自律裁量	
（過大と思えるような）責任を全うしろ	地位権限	
（対立している部と）協力できないでどうする	他者協調	
間違いだらけだぞ	安定保障	
他のプランとのバランスを考えろ	公私調和	

は、六つのそれぞれのモチベーションファクターの上司が出す典型的な指示や叱責だ。その中で一つ程度は、あまり抵抗感を覚えない例があるだろう。それは、自分のモチベーションファクターと同じ場合だ。例えば自分のモチベーションファクターが他者協調の場合、「一五〇%の目標にチャレンジしてくれ」という無理難題な指示には、「他の人と協力して」チャレンジしようというように、自分のモチベーションファクターに照らした行動と上司の指示をつなげられればよい。

　表は、それぞれのモチベーションファクターの上司の無理難題な指示や叱責に、自分の他者協調のモチベーションファクターの行動をつなげた例だ。スキル72で紹介した組織と自分のモチベーションファクターのマッチング度合により効果に差はあるものの、気持ちの切り替え効果がある方法だ。

スキル
83

モチベーションファクターによる上司のハンドリング
——上司をハンドリングするリアクション

上司からの指示に抵抗感を覚えた時に、どのように対処するか？

上司からの無理難題な指示や叱責に直面した場合、上司のモチベーションファクターと自分のモチベーションファクターをつなげて、自分の気の持ちようを変え、気持ちを切り替える。

しかし、そうする前に、つい拒絶反応を起こしてしまうものだ。なかには、かなりの確度で、表のような心の声を、上司に対して口に出してしまったりする。そうすると関係修復に時間がかかる。

抵抗感を覚えたら、表情や口に出す前に上司のモチベーションファクターに合致したリアク

他者協調の人の心の声の例	上司を誘導するリアクション例
なぜ私だけ150％なのですか	是非、チャレンジしたいと思います
一人では無理です	確かに、自分で取り組まないとだめですね
私だけでやれと言われても、手におえません	責任を果たしたいと思います
対立しているので、しようがないではないですか	対立している部とも協力しなければなりませんね
間違いチェックは得意ではありません	間違いをしっかり修正したいと思います
それは上司の仕事ではないですか	おっしゃるとおり、バランスを考えます

無理難題と思えるような指示や叱責	上司のモチベーションファクター
150%の目標にチャレンジしてくれ	目標達成
人に頼らないで自分でやってみろ	自律裁量
(過大と思えるような) 責任を全うしろ	地位権限
(対立している部と)協力できないでどうする	他者協調
間違いだらけだぞ	安定保障
他のプランとのバランスを考えろ	公私調和

ションをすればよい。目標達成型の「チャレンジしてくれ」と言う上司には「是非、チャレンジしたいと思います」、自律裁量型の「自分でやってみろ」と言う上司には「自分で取り組まないとだめですね」というようにだ。

相手の言ったことと同じことを言い返すだけでは、気持ちがこもらないものだが、上司のモチベーションファクターをふまえたうえでリアクションすると、気持ちがこもって人を動かすパワーを持つ。そのうえでスキル82の上司と自分のモチベーションファクターをつなぐ話法を繰り出すのだ。

スキル

84

モチベーションファクターによるチームのハンドリング ――メンバーのモチベーションファクターをふまえたチーム構成

一緒に仕事をしやすい人は、どういう人か？

上司だけでなく、同僚とのチームワークを高めるためにも、モチベーションファクターは役に立つ。

一緒に仕事をしていて、仕事をしやすい人としにくい人がいるものだ。仕事がしやすい人とのかかわりを分解していくと、目指したり考えたりしている方向が同じだったり、自分にとって依頼や確認の説明やメールがわかりやすかったりする。

じつは、目指したり考えたりしている方向が同じだと感じたり、説明やメールがわかりやすいと思う相手は、同じだったり近かったりするモチベーションファクターを持っているケースが多いのだ。一緒に仕事をする人をある程度選べるのであれば、自分と同じか近いモチベーションファクターの人と組んで仕事をすればよいことになる。

相手と自分のモチベーションファクターのマッチング度合は、表のとおりだ。スキル72で組織と自分のモチベーションファクターのマッチング度合を示したが、組織のモチベーショ

自分＼相手		牽引志向			調和志向		
		目標達成	自律裁量	地位権限	他者協調	安定保障	公私調和
牽引志向	目標達成	◎	○	○	△	△	×
	自律裁量	○	◎	○	×	△	△
	地位権限	○	○	◎	△	×	△
調和志向	他者協調	△	×	△	◎	○	○
	安定保障	△	△	×	○	◎	○
	公私調和	×	△	△	○	○	◎

モチベーションファクターから見る自分と相手とのマッチング

ンファクターは個人のモチベーションファクターの積み上げなので、マッチング度合は相手と自分のモチベーションファクターの場合と同じになる。表に示したマッチング度合を参考にして、組む相手を選ぶことも有効だ。

スキル 85

モチベーションファクターによるチームのハンドリング

――顧客のモチベーションファクターをふまえたチーム構成

チームメンバーは、どのように選べばよいか？

相手と自分のモチベーションファクターのマッチング度合をふまえて、組む相手を選んでチームをつくれば、仕事はスムーズに進むことになり、お互いストレスを感じることが少なく快適に仕事ができる。

しかし、スキル74の表で紹介したように、日本のビジネスパーソンのモチベーションファクターは、ほぼ均等だ。

つまり、自分と同じモチベーションファクターの人だけでチームをつくったら、チームの中は快適だが、六つのモチベーションファクターに分かれている顧客に対しては対応しきれないリスクを負うことになる。どのようなモチベーションファクターの人でチームをつくればよいのだろうか。

さまざまなモチベーションファクターを持つ顧客に対応していくためには、自分のチームメンバーのモチベーションファクターは、その顧客のモチベーションファクターの分布にある程度合致していることが望ましい。

スキル73で紹介したように業界によってモチベーションファクターの分布は異なる。牽引志向六四％、調和志向三六％のＩＴ業界が主たる顧客だったらその分布に合わせ、牽引志向三八％、調和志向六二％の金融業界が主たる顧客だったらその分布に合わせて、自分のチームメンバーを構成できればよい。

もし、顧客が多くの業種にわたっていたり、これからさまざまな業種に取引を広げていこうと考えていたりするとすれば、牽引志向と調和志向のメンバーのバランスはある程度とれていたほうがよい。牽引志向の人が多いほうがビジネスが伸びるのではないかと思うかもしれないが、顧客のモチベーションファクターは多様なので、多くの顧客に対応するにはさまざまなモチベーションファクターの持ち主が必要なのだ。

このようにモチベーションファクターは、チームのメンバー構成を考えたり、異動配置を検討する際の合理的根拠としても活用できる。人事権を持っていなくても、チームメンバーを選んだり、仕事を組む相手を選べる場合に、役立てていただきたい。

スキル
86

モチベーションファクターによる顧客のハンドリング

——購買モチベーションファクターを見極める

顧客それぞれが持つ購入意欲を高めやすい要素は、どのように見極めればよいか？

意欲を高める要素であるモチベーションファクターは、顧客に当てはめれば、顧客の購買意欲を高める要素として捉えることができる。

六つのモチベーションファクターを、顧客が物を購入したり、サービスを受けたりするための契約をする際に、どのような購買意欲で契約の決断をするかということがわかれば、成約率が上がる。

スキル76で紹介したように、このモチベーションファクターを持っている顧客は、このような購買に関する言動をするというような一つの典型的な言動例があれば、イメージを湧かせやすい。

モチベーションファクターごとに、購買に関する言動例をあげれば、表のようになる。六つのモチベーションファクターを、購買に関する言動に基づきキーワードを示せば、目標達成は「ニュー」、自律裁量は「ユニーク」、地位権限は「ブランド」、他者協調は「シェア」、

2分類	6分類	言動例	購買6分類
牽引志向	目標達成	新しもの好きで、他人が持っていないものを好む	ニュー
	自律裁量	自分で独自に判断することを好む	ユニーク
	地位権限	コストよりも、ブランドを重視する	ブランド
調和志向	他者協調	周囲の購入状況が気になる	シェア
	安定保障	ローリターンでもローリスクなものを好む	リスク
	公私調和	現在所有しているものとのバランスを考える	バランス

安定保障は「リスク」、公私調和は「バランス」となる。

このキーワードを捉えておくと、顧客をハンドリングしやすい。

スキル
87

モチベーションファクターによる顧客のハンドリング

——購買モチベーションファクターをふまえた話法を繰り出す

全国統一キャンペーンの共通話法が使えないのは、どうしてか？

新商品が発売されるたびに、美辞麗句が記載された新商品紹介パンフレットが作成される。キャンペーンが行われて、キャッチフレーズが紹介される。セールスに使われる標準話法がつくられて、これでセールスするようにと指示が回る。

しかし、標準話法を駆使しても、顧客を引き付けることができないという思いをした営業担当者は少なくない。顧客の立場からみても、キャンペーンなので、新商品を一生懸命説明しているのはわかるが、自分にはピンとこないという印象を持った経験のある人も多いのではないだろうか。

いわば玉虫色の標準話法やキャンペーンでは、さまざまなモチベーションファクターを持った個々の顧客の購買モチベーションを喚起できない。たとえ新商品の標準話法や、キャンペーンのキャッチフレーズが設定されていても、一人ひとりの顧客の購買モチベーションファクターは異なるので、顧客のニーズに応え成約率を上げるには、個々のモチベーションフ

2分類	6分類	購買6分類	話法例
牽引志向	目標達成	ニュー	最も新しい機能を備えて、高い性能を発揮する商品ですので、ご検討ください
	自律裁量	ユニーク	ご希望に応じたオプションの組み合わせが多彩になりましたので、ご検討ください
	地位権限	ブランド	当社のメインブランドになる可能性のある商品ですので、ご検討ください
調和志向	他者協調	シェア	先行販売した地域では、既に高いシェアを獲得しましたので、ご検討ください
	安定保障	リスク	今回のバージョンアップにより、耐久性がさらに向上しましたので、ご検討ください
	公私調和	バランス	さらにニーズを満たす、バランスのよい商品ですので、ご検討ください

アクターを刺激するセールス話法を繰り出す必要がある。

もちろん、商品の仕様や注意事項など説明しなければならない内容のものはある。しかし、顧客の購買モチベーションを高めるということは別ものだ。

例えば、性能が一段と向上した新商品が出たとする。標準話法やキャッチフレーズでは性能の高さがアピールされていたとしても、購買モチベーションファクターごとの話法を繰り出すとすれば、表のようになる。

スキル

88

モチベーションファクターによる顧客のハンドリング

——購買モチベーションファクターにより顧客をマッピングする

顧客属性別のカテゴリ分けが使えないのは、なぜか？

顧客の属性によって、顧客をカテゴリ分けすることは一般的だ。例えば、ファミリーか単身か、シニアかヤングか、居住地は都市部か農村部か、さまざまにカテゴリ分けする。

そして、その顧客の属性によるカテゴリ別に、商品がラインナップされていて、その商品紹介の話法が組み立てられている。しかし、こうした属性別の商品紹介話法で、顧客を引き付けることができないという思いをした営業担当者もいる。顧客属性と、顧客の購買モチベーションは別ものなのだ。

ファミリーか単身か、シニアかヤングか、都市部か農村部かという属性別の商品紹介話法は、商品の機能の紹介には役立つが、顧客の購買モチベーションを刺激して商談を進めることには役立

	シニア	ヤング	都市部	農村部

2分類	6分類	購買6分類	ファミリー	単身
牽引志向	目標達成	ニュー		
	自律裁量	ユニーク		
	地位権限	ブランド		
調和志向	他者協調	シェア		
	安定保障	リスク		
	公私調和	バランス		

たない。購買モチベーションを刺激して商談を進める話法は、機能の紹介とは別で、上記のような属性別ではなく、顧客の購買モチベーションファクター別に組み立てるとよい。

なぜならば、物を買おうという意欲が何によって高まるかは、人それぞれの購買モチベーションファクターによって異なるからだ。

実際に、大手住宅メーカー、保険会社、ＩＴ企業の営業部門が、表に顧客をマッピングして、スキル87で紹介した、六つのモチベーションファクターごとに組み立てた話法を繰り出す方法で、成約率を格段に上げている。

スキル 89

モチベーションファクターを梃にした表現力向上

——モチベーションファクターを梃にしたアイコンタクト

アイコンタクトの効果をさらに高めるためには、どうすればよいか？

第1章の表現力、第2章の構成力、第3章の合意形成力で紹介してきたビジネススキルをさらに効果的に発揮していくために、モチベーションファクターと組み合わせてこれらのスキルを発揮する手法を紹介していく。

最初は、モチベーションファクターとアイコンタクトの組み合わせスキルだ。

スキル3、4で紹介したように、アイコンタクトの秒数とはずし方のスキルは、相手を引き付けるパワーを持つ。さらに相手を引き付けるレベルを上げるためには、相手のモチベーションファクターを梃にするとよい。

表現力を駆使しても、引き付け度合が期待するレベルに達しない時は、モチベーションファクターに原因がある。

スキル3で、相手を引き付けやすいアイコンタクトの秒数は二〜三秒だが、顔立ちによっても、国によっても異なることを紹介した。アイコンタクトの適正な秒数は、自分と相手の

２分類	６分類	購買６分類	アイコンタクトの適正な長さ
牽引志向	目標達成	ニュー	やや短い
	自律裁量	ユニーク	短い
	地位権限	ブランド	やや短い
調和志向	他者協調	シェア	長い
	安定保障	リスク	やや長い
	公私調和	バランス	やや長い

モチベーションファクターによっても異なる。

六つのモチベーションファクターのうち、他者協調型の相手は、長めのアイコンタクトでも違和感を覚えない。それに対して、自律裁量型の相手には、短めのアイコンタクトでないと違和感を与える。

牽引志向と調和志向の志向が同じ人同士、六つのモチベーションファクターが同じ人同士は、アイコンタクトの適正な秒数が長い。ちなみに他者協調型の人同士が最も長いアイコンタクトを許容し合うことがわかっている。

スキル
90

モチベーションファクターを梃にした表現力向上

——モチベーションファクターを梃にした「一人に対してワンセンテンス」

「一人に対してワンセンテンス」の効果をさらに高めるためには、どうすればよいか？

スキル10で紹介した、「一人に対してワンセンテンス」のスキルをさらに効果的に発揮するためにも、モチベーションファクターを活用できる。「一人に対してワンセンテンス」を誰に対して話すかということと、その人のモチベーションファクターが関連してくる。

「一人に対してワンセンテンス」を話したいモチベーションファクターの人に対して実施すると、その相手を引き付ける度合が高まり、聞き手全体を引き付けやすくなる。

話したいモチベーションファクターの人は、例えば、新規のトライアル商品についての提案であれば目標達成型の人、部門連携に関わる提案であれば他者協調型の人というように、その提案のメッセージによって変える。

定例ミーティングで通常の段取りで進む会議であれば、調和志向の人がリードしやすく、臨時会議でイレギュラーな段取りで進む会議であれば牽引志向の人がリードしやすいという傾向があるので、これらの人に対して「一人に対してワンセンテンス」を実施していくと、効果が高まる。

「一人に対してワンセンテンス」を実施しながら、相手のモチベーションファクターを見極めることもできる。例えば、「独自の方法を各々が工夫しながら取り組みましょう」という内容を「一人に対してワンセンテンス」で実施した時に、その聞き手が深くうなずいたら、自律裁量型の人である可能性がある。「リスクをできるだけ除外して安定的に取り組みましょう」という内容で「一人に対してワンセンテンス」を実施した時に、その聞き手が反応を示さなかったら、少なくとも安定保障型ではなさそうだと見当をつけることができる。

聞き手のモチベーションファクターを見極めながら、その場で誰に対して実施していくかを考えながら、「一人に対してワンセンテンス」を行っていくことがお勧めだ。

スキル 91

モチベーションファクターを梃にした構成力向上

——モチベーションファクターを梃にしたＢＩＧＰＲ

ＢＩＧＰＲのスキルをさらに高めるためには、どうすればよいか？

会議でも商談でも最初にＢＩＧＰＲを行うと、スキル24で紹介したように、相手を巻き込みやすい。モチベーションファクターを活用すると、ＢＩＧＰＲの効果がさらに高まる。

ＢＩＧＰＲの背景、自己紹介、目的、所要時間、相手に期待する役割に、会議参加者のモチベーションファクターを組み込んでいく。

例えば、聞き手の多くが他者協調型だった場合、次のように、協力、相談、すり合わせといった、他者協調型の人の琴線にふれやすいキーワードを盛り込んでいく方法だ。

会議参加者のモチベーションファクターがばらついていると思われる場合は、背景では目標達成型の人のキーワード、自己紹介では自律裁量型の人のキーワード、目的には地位権限型の人のキーワードというようにちりばめる方法もある。

BIGPR		他者協調のモチベーションファクターを組み込んだ場合
B	背景	みなさまにご協力いただいた前回会議をふまえて、本日の会議を実施します
I	自己紹介	本日もさまざま相談し合うことを楽しみにしております、司会の○○です
G	目的	本日は、新規事業の実行計画につき、みなさまとすり合わせることが目的です
P	所要時間	時間は60分ですので、ご協力いただいて進行できれば幸いです
R	相手に期待する役割	みなさまの協力をいただいて、存分に議論して、最後には決定できれば幸いです

スキル

92

モチベーションファクターを梃にした構成力向上

——モチベーションファクターを梃にしたBIGPRの効果を見極める

聞き手のモチベーションファクターの見当がつかない時には、どうすればよいか?

会議や商談の相手のモチベーションファクターを、会議や商談に組み込むと効果を高めやすい。しかし、初対面の相手だったり、あまり話をしたことのない相手だったりした場合、モチベーションファクターの見当がつかないということも多い。

会議や商談が進んで、自己紹介をし合ったり、対話をしたりしていければ、モチベーションファクターの見当がつきはじめるが、冒頭に行うBIGPRの場合は、それもできない。そのような時は、モチベーションファクターを梃にすることをあきらめなければならないのだろうか。その日の状況などによって、モチベーションファクターが変化する場合もある。

そうした場合、会議や商談の前に、進行役が参加者と名刺交換をして自己紹介をすることをお勧めする。そこでの会話で、モチベーションファクターを、ぼんやりとでも見極めておくのとおかないのとでは、会議や商談の成果に大きくかかわる。

加えて、ＢＩＧＰＲの後、ＭＡＰの後、メッセージの後などの構成の節目で、「ここまでのところで気になる点がありますか？」「感想をおっしゃっていただけますか？」というように反応を聞いて見極めていければ、なおよい。

最初から、相手のモチベーションファクターを完璧に把握しておく必要はない。対話しながら、順次、見極めていけばよい。見極めていくこと自体、聞き手に対して関心を持っているという姿勢を示すことになるし、聞き手との双方向の対話が進むことになるという効果も期待できる。

スキル
93

モチベーションファクターを梃にした構成力向上

——モチベーションファクターを梃にしたMAP

MAPの効果をさらに高めるためには、どうすればよいか？

BIGPRの後は、スキル26で示したように、本論の全体像を三点で示すMAPのスキルを発揮する。ここでモチベーションファクターを活用すると、MAPの効果をさらに高めることができる。

MAPは、本論に入る前に、本論の全体像を示す重要な役割を果たす。

「本日は、本題で、A、B、Cの三点を示します」とMAPを行うのだが、広く聞き手を引き付けたい場合には、聞き手のモチベーションファクターの上位三つと関連づけてMAPを実施する。

例えば、目標達成、自律裁量、他者協調のモチベーションファクターがその日の聞き手の上位三つのモチベーションファクターだったら、「本題では、まずは当社がチャレンジしていくべき課題をご紹介した後、本日ご参加のメンバーが自発的に取り組みたいと考えている点を共有していただき、最後にどのような協力体制で取り組んでいくかを協議したいと思います」というようになる。

聞き手のモチベーションファクターを一つに絞って、そのモチベーションファクターを関連させてＭＡＰを実施する方法もある。目標達成だったら、「本題では、まずは当社がチャレンジしていくべき課題をご紹介した後、本日ご参加のメンバー各々で目標設定していただき、最後に達成のためのアクションプランを共有したいと思います」という表現になる。

スキル
94

モチベーションファクターを梃にした構成力向上
――モチベーションファクターを梃にしたメッセージ

メッセージの効果をさらに高めるためには、どうすればよいか？

ＢＩＧＰＲとＭＡＰを実施したら、本論に入る。本論全体の最初と最後、各論の最初と最後で、メッセージを訴求する。メッセージの訴求効果をさらに高めるためにモチベーションファクターを組み込む時はどうすればいいだろうか。

大事なポイントは、進行役のモチベーションファクターではなく、聞き手のモチベーションファクターを組み込むということだ。

進行役が目標達成型で、提案内容は、年間目標達成のためのアクションプランを共有することだったとしよう。

年間目標達成のための会議なのだから、進行役のモチベーションファクターでもある目標達成のモチベーションファクターを前面に打ち出すべきだと考える人が多いが、それをやってしまっては、その目的は果たせない。

なぜならば聞き手のモチベーションファクターはさまざまだからだ。日本のビジネスパーソンは牽引志向と調和志向はほぼ半々で、六つのモチベーションファクターに分布している。会議参加者のモチベーションファクターがどこかに偏っているという可能性はあるが、ほぼ全員が目標達成型だという組織はまずない。

進行役は、自分のモチベーションファクターではなく、聞き手のモチベーションファクターに合わせて、メッセージを訴求するということがたいへん重要だ。

聞き手のモチベーションファクターの上位三つが、地位権限、安定保障、公私調和だったとしよう。ここで打ち出すべきメッセージは、例えば、モチベーションファクターの順に、「年間目標を達成するために、一人ひとりの責任範囲の見直しを実施したいと思います」「年間を通じて安定的なパフォーマンスが発揮できるよう施策を打ち出していきます」「全ての目標項目が達成できるよう、評価のバランスを考えます」というようになる。

もちろん、聞き手のモチベーションファクターの上位に目標達成が含まれていれば、目標達成のモチベーションファクターに関するフレーズを組み込めばよい。

他者協調のモチベーションファクターを組み込んだ例
感動的だった出来事をわかち合いたいのですが…
チームで協力して実績が倍増した事例なのですが…
先月20日に大阪支店で起き、メンバー全員で共感したのですが…
チーム全員で共有し衝撃を受けた、最も印象的だった出来事ですが…

スキル
95

モチベーションファクターを梃にした構成力向上
——モチベーションファクターを梃にしたアンカリング

アンカリングの効果をさらに高めるためには、どうすればよいか?

スキル32で紹介したように、メッセージのアンカリング力を高めていくことで、聞き手の心を動かしていく。アンカリングにモチベーションファクターを組み込めば、聞き手を巻き込む度合は飛躍的に高まる。

モチベーションファクターを組み込む場合は、スキル94と同じく話し手のモチベーションファクターではなく、聞き手のモチベーションファクターを組み込むことで、アンカリング効果を高める。

話し手のモチベーションファクターを組み込んだ場合、聞き手のモチベーションファクターとの乖離が生じたら、むしろアンカリング効果を減殺《げんさい》してしまうことになる。

	アンカリングフレーズの例
ポジティブなフレーズ	感動的だった出来事なのですが…
明瞭なフレーズ	実績が倍増した事例なのですが…
具体的なフレーズ	先月20日に大阪支店で起きた事ですが…
新鮮なフレーズ	最も印象的だった出来事ですが…

アンカリングフレーズに、他者協調のモチベーションファクターを組み込んだ例は、表の通りだ。他者協調のモチベーションファクターの人は、協力、共感、共有といったフレーズに意欲を高めやすい。そのモチベーションファクターの琴線に触れるフレーズを組み込んで、アンカリング力をさらに高めていく。

私は、福島県教育センター主催の校長マネジメント講座を実施しているが、職員会議、児童・生徒集会、父母会議のそれぞれの参加者のモチベーションファクターの傾向に合わせて、アンカリングのポイントを変えて話をし、訴求力を高めている校長が増えてきた。

スキル
96

モチベーションファクターを梃にした合意形成力向上
――モチベーションファクターを梃にした洗い上げ質問

洗い上げ質問の効果をさらに高めるためには、どうすればよいか？

スキル41で紹介した、四つの質問による合意形成のプロセスにモチベーションファクターを組み込むと、さらに合意形成のプロセスが進みやすくなり、合意度が上がりやすくなる。

質問による合意形成のプロセスは、洗い上げ質問、掘り下げ質問、示唆質問、まとめの質問の四つの質問により合意形成を実現するプロセスだ。洗い上げ質問に、モチベーションファクターを、どのように組み込めばよいだろうか。

洗い上げ質問は、「提案について気になることがありませんか？」と異論や懸念を洗い上げる質問だが、さまざまな答えを洗い上げる質問なので答えは拡散しやすい。

この洗い上げ質問にモチベーションファクターを組み込むと、そのモチベーションファクターに答えが集約されていき、合意形成の時間が短縮されるというメリットがある。反面、さまざまな答えを洗い上げるという洗い上げ質問の本来の効果を減殺してしまう。

２分類	６分類	洗い上げ質問にモチベーションファクターを組み込んだ例
牽引志向	目標達成	ただいまの提案について、目標達成する観点から、異論や懸念がありますか？
	自律裁量	ただいまの提案について、能動的に取り組みづらい点がありますか？
	地位権限	ただいまの提案について、自身の責任範囲の点から、異論や懸念がありますか？
調和志向	他者協調	ただいまの提案について、チームで協力する観点から、異論や懸念がありますか？
	安定保障	ただいまの提案について、安定的に取り組みづらい点がありますか？
	公私調和	ただいまの提案について、職務のバランスの点から、異論や懸念がありますか？

スキル
97

モチベーションファクターを梃にした合意形成力向上
――モチベーションファクターを梃にした掘り下げ質問

掘り下げ質問の効果をさらに高めるためには、どうすればよいか？

洗い上げ質問で異論や懸念を洗い上げた後は、スキル47で紹介したように、掘り下げ質問により、最も深刻な異論や懸念を見極める。「これまで挙がった三つの異論や懸念の中で、どれが最も深刻ですか？」「五つ挙がった中で、どれから先に議論していきたいですか？」と深刻度の優先順位をつけていく。

掘り下げ質問にモチベーションファクターを組み込むには、どのようにすればよいだろうか。

掘り下げ質問にモチベーションファクターを組み込むと表のようになる。参加者のモチベーションファクターが、例えば、目標達成、地位権限、安定保障の順だったら、それらのモチベーションファクターを組み込んだ掘り下げ質問を順に繰り出していき、最も深刻な異論や懸念を見極めていく。

掘り下げた結果は、参加者のモチベーションファクターの総意に近くなるので、その後の

2分類	6分類	掘り下げ質問にモチベーションファクターを組み込んだ例
牽引志向	目標達成	挙げられた異論や懸念の中で、実現可能性という観点からは、どれから先に議論したいですか？
	自律裁量	挙げられた異論や懸念の中で、裁量の余地という観点からは、どの問題が最も深刻ですか？
	地位権限	挙げられた異論や懸念の中で、各自の責任を全うする点からは、どれが最も気になりますか？
調和志向	他者協調	挙げられた異論や懸念の中で、組織的取り組みという観点からは、どれから先に議論したいですか？
	安定保障	挙げられた異論や懸念の中で、リスクという観点からは、どの問題が最も深刻ですか？
	公私調和	挙げられた異論や懸念の中で、全体調和を図るという点からは、どれが最も気になりますか？

示唆質問やまとめの質問で揺り戻しにあうリスクが軽減する。

スキル
98

モチベーションファクターを梃にした合意形成力向上
──モチベーションファクターを梃にした示唆質問

示唆質問の効果をさらに高めるためには、どうすればよいか？

掘り下げ質問で最も深刻な異論や懸念が見極められたら、スキル50で紹介したように、その異論や懸念を解消するであろうある前提をおいて、「この前提であれば賛成ですか？」「この状態になったとしたら、反対しませんか？」というように、示唆質問を繰り出す。

進行役が、示唆質問を思いつくことができなかったら、スキル52で示したように、最も深刻な異論や懸念を表明した人に、示唆する内容を聞いてしまえばよい。

しかし、その前に、その人のモチベーションファクターに沿って、異論や懸念の解消の方向性を思い描いてみると、示唆質問を繰り出しやすくなる。示唆質問にモチベーションファクターを組み込む場合、どのようにすればよいだろうか。

示唆質問にモチベーションファクターを組み込んだ例は表の通りだ。示唆質問にモチベーションファクターを組み込むことができれば、異論や懸念の解消が格段に図りやすくなる。

示唆質問は、最も深刻な異論や懸念を表明した人に対して行うので、その人だけのモチベ

２分類	６分類	示唆質問にモチベーションファクターを組み込んだ例
牽引志向	目標達成	仮に、よりきめ細かな進捗管理の手法を取り入れることができれば、賛成ですか？
	自律裁量	もし、詳細な手法は各部にお任せするということであれば、反対はしませんか？
	地位権限	この取り組みの評価方法をあらかじめ決めておくならば、賛同していただけますか？
調和志向	他者協調	仮に、複数メンバーで共同して実施する手法を取り入れることができれば、賛成ですか？
	安定保障	もし、バックアッププランを用意しておくということであれば、反対はしませんか？
	公私調和	この取り組みの業務分担をあらかじめ決めておくならば、賛同していただけますか？

ーションファクターを見極めて示唆質問を繰り出せばよい。参加者全員や同様の意見を表明した複数の人のモチベーションファクターを見極めることよりも、その点では難易度は低い。

スキル
99

モチベーションファクターを梃にした合意形成力向上

――モチベーションファクターを梃にしたまとめの質問

まとめの質問の効果をさらに高めるためには、どうすればよいか？

最も深刻な異論や懸念に対して、それを表明した人に、示唆質問により方向性の示唆を繰り出し同意を取り付けた後、会議参加者全員に対して、まとめの質問で、全体の合意を取り付ける。スキル53で紹介したように、「この前提で、提案を実施するということで、よろしいですか？」と投げかける質問だ。

まとめの質問にモチベーションファクターを組み込むには、どのようにすればよいだろうか。

まとめの質問にモチベーションファクターを組み込んだ例は表の通りだ。最後の全体合意の段階で、モチベーションファクターを組み込むことで、全体の合意度が高まるメリットがある。

公的機関A社と民間企業B社が統合した官民統合企業C社では、階層別研修などで広くモチベーションファクターを活用している。A社は調和志向、B社は牽引志向と、モチベーシ

２分類	６分類	まとめの質問にモチベーションファクターを組み込んだ例
牽引志向	目標達成	よりきめ細かな進捗管理の手法を取り入れるという前提で、提案を進めるということでよろしいですか？
	自律裁量	詳細な手法は各部にお任せするという方向で、提案に賛成ということでよろしいですか？
	地位権限	取り組みの評価方法をあらかじめ決めておくことを条件に、提案を承認するということでよろしいですか？
調和志向	他者協調	複数メンバーで共同して実施する手法を取り入れるという前提で、提案を進めるということでよろしいですか？
	安定保障	バックアッププランを用意しておくという方向で、提案に賛成ということでよろしいですか？
	公私調和	取り組みの業務分担をあらかじめ決めておくことを条件に、提案を承認するということでよろしいですか？

ョンファクターが異なっていた。Ａ社、Ｂ社それぞれのモチベーションファクターが特徴的であれば、そのモチベーションファクターをふまえてまとめの質問を繰り出すことにより、合意形成がしやすくなることを実践し、効果を上げている。

スキル
100

モチベーションファクターを梃にした合意形成力向上

――モチベーションファクターを梃にして合意形成を加速する

合意形成の効果をさらに高めるためには、どうすればよいか？

合意形成のための四つの質問のそれぞれにモチベーションファクターを組み込むことができる。これら四つの質問のうち、どの質問にモチベーションファクターを組み込めば、合意形成のプロセスを最も進めやすくなり、合意形成の確度を最も高めることができるのだろうか。

洗い上げ質問や掘り下げ質問にモチベーションファクターを組み込む場合は、モチベーションファクターの観点から異論や懸念の洗い上げや掘り下げをしていくので、議論はモチベーションファクターに関連した内容に集約しやすく、合意形成の時間は短縮される。

モチベーションファクターの観点で誘導されていくので、洗い上げや掘り下げの納得度は高まるが、モチベーションファクターの読み違いをしていた場合は、示唆質問やまとめの質問の段階で揺り戻しにあうリスクが大きい。

一方、洗い上げ質問や掘り下げ質問にモチベーションファクターを組み込まない場合は、時間は短縮されないが、フラットな状況で実施することで、洗い上げや掘り下げの精度は上がる。

そのうえで、示唆質問やまとめの質問にモチベーションファクターを組み込むことは、合意形成の確度を上げることに、より貢献することになる。

合意形成の時間短縮を図りたいのであれば、洗い上げ質問や掘り下げ質問にモチベーションファクターを組み込む、合意形成の確度を高めたいのであれば、示唆質問やまとめの質問に組み込むことがよい。

おわりに

私が企業や団体で実施しているモチベーションファクター®を梃にした分解スキル反復演習®型能力開発プログラムは、解説をほとんど行わず、ロールプレイングやディスカッションなどの演習が七五％以上を占めます。進行する際もあえて説明をしないで、参加者へ質問して得た回答をふまえて進めていきます。演習シートを回収して、スキルレベル、成長性、能動性、迅速性、モチベーションファクターを数値測定し、それらの結果をふまえて、次の演習に役立てていくのです。このような実践型の演習こそが、実際の現場で役に立つからです。

参加者があげてくれた話法や事例を、次のプログラムに反映していきます。モデルとなる話法や事例も二〇年来の参加者が演習であげてくれたものが元になっています。その意味で、本書で紹介したこのプログラムは、過去の演習参加者がつくりあげてくれたものです。

モチベーションファクターを注視するようになったことは、渡部昇一氏の『「人間らしさ」の構造』（講談社学術文庫）の影響を受けています。分解スキル反復演習の考え方には、慶應義塾大学名誉教授根岸毅氏による「国家をひとつの装置として捉え、目的を実現する観点から不具合を修正する」という意味の考え方を、人材開発領域における不具合の解消策として転用した面があります。

原型となるプログラムの開発にあたっては高間邦男氏（株式会社ヒューマンバリュー会長）に、演習プログラム構造についてはケン・ブランチャード氏（「一分間マネジャー」シリーズ著者）にご指導をいただきました。心理学領域や理論面での裏付けについては、山崎秀夫氏（日本ナレッジ・マネジメント学会副理事長）に貴重な示唆をいただき、二〇一五年から一七年まで同学会大会で報告させていただきました。

本書で紹介した事例は、以下の企業・団体をはじめとした過去の能力開発プログラム実施企業での演習結果を参考にさせていただきました。

あしなが育英会、アステラス製薬、サントリーワインインターナショナル、静岡銀行、積水ハウス、全日本デパートメントストアーズ開発機構、第一生命保険、中関村（中国版シリコンバレー）、電通、東洋経済新報社、トヨタ自動車、日経ＢＰ、日本血液製剤機構、日本能率協会、日本ポリケム、ネオファースト生命保険、博報堂、八十二銀行、一橋大学、ふくおかフィナンシャルグループ、福島県教育センター、北京銀行、法政大学、三井物産、矢崎総業、山形県教育センター、横浜国立大学。

本書の執筆は、堀切早苗氏（東京海上アセットマネジメント株式会社）のサポートなくしては実現しませんでした。講談社企画部の田中浩史氏には、実際にプログラムにも参加いただき、企画段階から出版に至るまでのプロセスを進めていただきました。みなさまに厚く御礼申し上げます。

山口　博

二〇一八年　八月

山口 博

モチベーションファクター株式会社代表取締役。慶應義塾大学法学部卒業後、国内外金融・IT・製造企業の人材開発部長、人事部長を歴任後、PwC/KPMGコンサルティング各ディレクターを経て現職。横浜国立大学大学院非常勤講師。主な著書に『チームを動かすファシリテーションのドリル』(扶桑社)、『クライアントを惹き付けるモチベーションファクター・トレーニング』(きんざい)。ダイヤモンドオンライン「トンデモ人事部が会社を壊す」等を連載する人気コラムニストでもある。

講談社＋α新書 799-1 C

99%の人《ひと》が気《き》づいていないビジネス力《りょく》アップの基本《きほん》100

山口《やまぐち》 博《ひろし》

2018年9月20日第1刷発行

発行者――― **渡瀬昌彦**

発行所――― **株式会社 講談社**

東京都文京区音羽2-12-21 〒112-8001

電話 編集(03)5395-3522

販売(03)5395-4415

業務(03)5395-3615

カバー写真――― **アフロ**

デザイン――― **鈴木成一デザイン室**

カバー印刷――― **共同印刷株式会社**

印刷――― **慶昌堂印刷株式会社**

製本――― **牧製本印刷株式会社**

定価はカバーに表示してあります。

落丁本・乱丁本は購入書店名を明記のうえ、小社業務あてにお送りください。

送料は小社負担にてお取り替えします。

なお、この本の内容についてのお問い合わせは第一事業局企画部「＋α新書」あてにお願いいたします。

Printed in Japan

ISBN978-4-06-513345-3